MONOTHEISTISCHE STRÖMUNGEN

INNERHALB DER

BABYLONISCHEN RELIGION

AUF GRUND EINES VORTRAGES

GEHALTEN AUF DEM II. INTERNATIONALEN KONGRESS

FÜR RELIGIONSGESCHICHTE ZU BASEL 1904

VON

Dr. ALFRED JEREMIAS

PFARRER DER LUTHERKIRCHE ZU LEIPZIG

LEIPZIG

J. C. HINRICHS'sche BUCHHANDLUNG

1904

„Geh durch die Welt und sprich mit jedermann und suche die Religion bis hinten in China."
                                                                    Firdusi.

„Was jetzt christliche Religion genannt wird, war schon bei den Alten vorhanden und fehlte nie von Anfang des menschlichen Geschlechts, bis dass Christus ins Fleisch kam; seitdem fing man an, die wahre Religion, die schon vorhanden war, die christliche zu nennen."
                                                                    Augustinus.

Einleitung.

In dem ersten seiner bekannten Vorträge über Babel und Bibel hatte sich Friedrich Delitzsch gegen das Ende „zu dem gewendet, was die weltgeschichtliche Bedeutung der Bibel ausmacht: dem Monotheismus". Auch hier habe uns Babel in der allerjüngsten Zeit einen neuen ungeahnten Ausblick eröffnet. Nach den folgenden Ausführungen solle man sich die Sache so vorstellen, daß in Babylonien zunächst „krasser Polytheismus" geherrscht habe. Dann seien um 2500 nordsemitische Stämme in Babylonien eingewandert, die mit der Verehrung des einen, ewig seienden Gottes, den sie Ilu und Jahve nannten, den Monotheismus brachten. Diese Religion der zugewanderten Semiten sei wieder im Polytheismus untergegangen, und so sei der „krasse Polytheismus", dessen Göttervorstellungen nach Delitzsch im übrigen nicht unsympathisch waren, drei Jahrtausende hindurch die babylonische Staatsreligion geblieben, obgleich freie erleuchtete Geister lehrten, daß alle Götter eins seien in Marduk, dem Gotte des Lichts. In einer Anmerkung erklärte der Vortragende sodann: welcher Art und welchen Wesens dieser Monotheismus gewesen sei, lasse sich aus unseren Quellen nicht mehr sicher erkennen, sondern höchstens aus der späteren Entwicklung des „Jahvismus" schließen.

Das Material, auf das die Behauptung sich stützt, bilden Eigennamen der Hammurabi-Zeit, die mit Ilu und Jahve zusammengesetzt sind [1]; dazu kommt ein Text, der uns etwa aus

---

1) Delitzsch, Babel und Bibel I⁴, S. 75: Ilu-amranni „Gott, sieh mich an", Ilu-tûram „Gott, wende dich wieder zu"; Ilu-ittia, „Gott mit mir", Ilu-amtahar, „Gott rief ich an"; Ilu-abi, „Gott ist mein Vater", Jarbi-ilu, „groß ist Gott", Jamlik-ilu, „Gott sitzt im Regiment", Ibši-ina-ili,

dem 6. vorchristlichen Jahrhundert überliefert ist und der sagt,
daß Nergal und Nebo, Mondgott und Sonnengott, der Donnergott
Ramman und andere Götter Erscheinungsformen Marduks seien[1].

Man hat erwidert, daß Eigennamen, mit ilu zusammengesetzt, höchstens besagen, daß jene Leute etwas allgemein Gött-
liches als Substrat ihrer Einzelgötter annahmen und dafür einen
Namen besaßen[2]; daß selbst für den Fall der Richtigkeit der
Lesung Jahve in babylonischen Texten der Name nichts über
den Inhalt des Gottesbegriffs bestimme[3]; endlich, daß der Text
des 6. Jahrhunderts nichts anderes als eine erfreuliche Höhe zeige, zu
der die „Spekulation" an einem gewissen Punkte der Geschichte
gedrungen sei, ohne daß die „eigentliche Religion" dadurch beeinflußt worden sei[4].

Bereits vor den Vorträgen über Bibel und Babel hatte
Fritz Hommel[5] und mit ihm sein Schüler Ranke[6] von einem
babylonischen Monotheismus geredet[7], und zwar ebenfalls im

„durch Gott trat er ins Dasein", Avêl-ilu, „Knecht Gottes"; Mut(um)-ilu
„Mann Gottes", Ilûma-le'i, „Gott ist mächtig", Ilûma-abi, „Gott ist mein
Vater", Ilûma-ilu, „Gott ist Gott", Šumma-ilu-lâ-ilia, „wenn Gott nicht
mein Gott wäre" u. s. w. Vgl. hierzu S. 43.

1) Vgl. S. 26.

2) Grimme, Unbewiesenes S. 10.

3) A. Jeremias, Im Kampfe um Babel und Bibel[4] S. 20f.

4) Gunkel, Israel und Babylonien S. 30, (vgl. Grimme, l. c. S. 10;
Zimmern, Keilinschriften und Bibel S. 34). Es erhebt sich hier freilich
die Frage: Was ist „eigentliche Religion"? Gunkel versteht darunter den
„krassen Polytheismus". Wenn uns im folgenden der Nachweis gelingt,
daß schon in den ältesten Zeiten die „geistige Höhe, die zu dem Einen
dringt", erreicht wurde, so dürfte diese „Spekulation" den Anspruch auf
die Bezeichnung „eigentliche Religion" erheben, wenn man nicht vorzieht,
diesen Titel für die Religion der „Bußpsalmen" (S. 34ff.) in Anspruch zu
nehmen.

5) „Die altisraelitische Überlieferung" 1897. „Der Gestirndienst der
alten Araber" 1902.

6) „Die Personennamen in den Urkunden der Hammurabi-Dynastie".

7) Auch Eberhard Schrader an verschiedenen Orten; A. Jeremias in den
Leipziger „Volkshochschulvorträgen" 1901 (gedruckt in der Allg. ev. luth.
Kirchenzeitung) hatte ebenfalls monotheistische Unterströmungen geltend

Zusammenhange mit der über das Euphratland gekommenen semitischen (arabischen) Wanderung. In der Verehrung des Mondgottes wollen sie die Spuren einer hohen und reinen Gottesauffassung nachweisen. Und wie Delitzsch die nach ihm von nordsemitischen Stämmen importierte Ilu- und Jahve-Religion in Gegensatz zu dem krassen Polytheismus der älteren euphratensischen Religion stellt, so stellen Hommel und Ranke die monotheistisch anmutende Mondreligion in Gegensatz zu der „abergläubischen Furcht der Sumerier vor den zahllosen bösen Geistern".

In beiden Fällen, bei Delitzsch wie bei Hommel-Ranke, ist meines Erachtens eine Unterschätzung der geistigen Höhe der ältesten uns bekannten altbabylonischen Religionsstufe der „vorsemitischen" Periode zu konstatieren. Von der Entstehung und Herkunft des von Hommel getadelten Animismus wissen wir garnichts. Es ist reine Hypothese, wenn man in dem Geisterspuk der altbabylonischen sog. „sumerischen" Texte das Charakteristikum der vorsemitischen euphratensischen Religion erkennen will. Vielleicht ist der Animismus für das „vorsemitische" Euphratland selbst ein fremdes Gewächs, abgesehen davon, daß er als „Aberglaube" zu allen Zeiten die Kehrseite des „Glaubens" repräsentiert haben wird. Die ältesten historisch datierbaren religiösen Urkunden, die in den Inschriften Gudea's vorliegen, sind über den Zauberkult hoch erhaben. Gudea polemisiert dagegen und sagt: „Kein Verständiger werde den Tempel eines Zauberers betreten[1]." Wenn die „nordsemitische" („kananäische", „arabische") Wanderung erlauchte Geister mitgebracht haben soll, so werden wir mit demselben Rechte behaupten und auch nach-

---

gemacht: „Zu dem Monde redet man mit einer Innigkeit, die den Gedanken aufkommen läßt, daß der Mond ursprünglich, ehe von seiner Gemahlin und von seinen Brudergöttern die Rede war, nur das Sinnbild des reinen, erhabenen Gottes sein sollte, dessen 'Anbetung man suchte." Freilich möchte ich jetzt hinzufügen: der Mondkultus kann schon deshalb nie „Monotheismus" sein (im Sinne von Verehrung eines Gottes mit Ausschluß von andern), weil er nie ohne das Gegenstück des Sonnenkultus denkbar ist. Vgl. S. 32 und zum Weibe des Mondgottes S. 39.

1) Statue B, Col. V, 7—11, s. Jensen, KB III, S. 33.

weisen können, daß es auch in der vorsemitischen, euphratensischen Welt Leute von höherer religiöser Erkenntnis gegeben
haben muß.

Freilich müssen wir im Auge behalten, daß unsre Kenntnis
der babylonischen Geschichte rückwärts geschichtlich beschränkt
ist. Wir wissen von den Anfängen nichts [1]. Wir können nur
über die Religion der ältesten uns durch Monumente bekannten
Zeit reden, und wir machen dabei die Beobachtung, daß Kultus
und Religion reiner und abgeklärter erscheinen, je höher wir
hinaufkommen. Die Hammurabi-Zeit z. B. verhält sich zur
ältesten uns bekannten Epoche wie Mittelalter zu klassischer
Zeit [2]. Man hat gesagt [3]: „Es wäre eine lohnende Aufgabe der
Keilschriftforschung, deren Lösung, wenn sie gelänge, alle bis-
herigen Funde überragen und über alle Enttäuschungen und
Fehlschlüsse hinüberhelfen würde, zu zeigen, daß es in grauer
Vorzeit dort im Osten wirklich noch Menschen gab, die das
Erbe einer höheren Gotteserkenntnis ungetrübt besaßen, das einmal den Menschen mitgegeben sein muß." Wir müssen hier
fragen: Was ist unter grauer Vorzeit zu verstehen? „Uroffen-
barung" ist wissenschaftlich, historisch nicht greifbar. Sie mag
vom Standpunkte der christlichen Weltanschauung aus eine selbst-
verständliche Prämisse sein. Beweisen werden wir sie nie können.
Aber die Erkenntnis, daß im höchsten uns historisch bisher
zugänglichen Altertum hohe, geistige Ideen lebendig sind, nicht
Animismus, Totemismus, Fetischismus — macht das Axiom von
einer gradlinigen Entwicklung der religiösen Erkenntnis aus
niederen Anfängen zuschanden.

---

1) Im Juli 1904 ging durch die Zeitungen die Nachricht: „Wie aus
Chicago gemeldet wird, hat Professor Banks, der Leiter der Chicagoer
Universitäts-Expedition nach Babylon, wichtige Funde gemacht. Banks
glaubt, die älteste menschliche Niederlassung entdeckt zu haben." Das
wäre ein Fund! Aber es wird wohl auf ein arges Mißverständnis hinaus-
laufen.

2) S. Winckler, Geschichte der Stadt Babylon AO VI, 1 S. 17ff.

3) R. Kittel, Die babylonischen Ausgrabungen und die biblische Ur-
geschichte[3] S. 36.

I. Das Geheimwissen in der babylonischen Sternreligion.

Die babylonischen Schrifterfinder haben das Zeichen für Stern dadurch hergestellt, daß sie das Zeichen für Gott 3 mal als eine Zeichengruppe schrieben. Das beleuchtet die Tatsache, daß die babylonische Religion ihrem Wesen nach durchaus Gestirnreligion ist, wobei zu bedenken ist, daß die großen Erscheinungen des Naturlebens: Sommer und Winter, Aussaat und Ernte, Wetter und Hitze, Tag und Nacht mit dem Umlauf der Gestirne aufs engste verbunden sind[1]. Wir besitzen dafür monumentale Belege. Die babylonischen offiziellen Urkunden (Grenzsteine, Denksteine) stellen die Götter mit denselben symbolischen Bildern dar, die uns bis auf den heutigen Tag als Symbole am Sternhimmel bekannt sind. Das für die Astrologie der gesamten Welt hochwichtige Heptagramm der 7 Planeten, aus dem auch das Pentagramm sich erklärt, wurde auf einer altbabylonischen Tafel in Nippur gefunden[2]. Die Regierungstaten Sargon's I., des Gründers von Babylon, sind uns in der Form von Orakeln aus der Gestirnwelt überliefert. Die Prärogative Babylons wird durch Vorgänge des astralen Weltenlaufs begründet. Babylon ist Weltmetropole, weil Marduk in jenem Zeitalter als der siegreiche Jahrgott gilt, der den gesamten astralen Weltkreislauf repräsentiert[3]. Denn die Sonne hat seit der Gründung Babylons (2800) ihren Frühlings-

---

1) Die Hervorhebung dieser tellurischen Erscheinungen im Kultus (Tammuz, Adad, Baal-Moloch, Astarte) ist das Charakteristikum der „kanaanäischen" Religion.

2) S. ATAO 16, Abb. 9f.   3) S. ATAO 41 f.

punkt im Stier, dem Symbolum Marduks[1]. Ihm wurde deshalb der
alte Mythus vom Sieg über den Winterdrachen und von der Welt-
erneuerung seitens der Priester Babylons auf den Leib geschrieben.
    Diese astrale Religion, deren Lehre seit der Mitte des
3. Jahrtausends (im Stierzeitalter) auf Marduk zugeschnitten ist, will
die Welt nach ihrem Ursprung, Zweck und Ziel erklären. Sie
ist identisch mit Wissenschaft und ruht auf dem Axiom (denn
im alten Orient gab es, wie heutzutage noch, keine voraussetzungs-
lose Wissenschaft): alles Wissen ist göttlichen Ursprungs. Es ist
alles in ein Buch (auf Tafeln) geschrieben, und von diesen Tafeln
haben die Menschen im Anfang göttliche Unterweisung empfangen.
Das ist der Sinn der „Schicksalstafeln“, die in den ältesten uns
bekannten babylonischen Mythen von großer Bedeutung sind. Ein
aus altbabylonischer Zeit stammender Text sagt, Enmeduranki
(„sumerischer“ Name!), der König von Sippar (der 7. der Ur-
könige), habe das Geheimnis Anu's [Bel's und Ea's], die Tafel der
Götter, die Omentafel (?) des Mysteriums von Himmel [und Erde]
empfangen[2]. Ein anderer Text spricht von dem Buche (šipru
== hebr. sepher), in dem die Vorschriften des Königtums auf-
gezeichnet sind[3]. Die spätere Überlieferung spricht von den
„Büchern der Urzeit“, die vor der Sintflut vergraben wurden.
Wenn der babylonische Priester Berosus in der Oannes-Sage
sagt, seit jener ersten Offenbarung sei nichts Neues erdacht worden, so muß das allgemein als Sinn dieser Buchoffenbarung gelten.
Alles steht darin geschrieben. Sache der Priester ist es, die
Dinge dieser Welt dadurch als „vernünftig“ zu erweisen, daß sie
mit dem Offenbarungsbuche zusammenstimmen. Dieses „Buch“,

---

    1) Auch der Jupiter-Charakter muß bei der Begründung der auf
Marduk zugeschnittenen Kalenderreform eine Rolle gespielt haben. Stand
Jupiter, der jährlich ungefähr ein Tierkreisbild durchwandert, in politisch
entscheidender Zeit im Zeichen des Stiers? Jedenfalls spielte der Zufall eine
Rolle, die politische und wirtschaftliche Lage kam der Kalenderreform, die
durch das Vorrücken der Präcession bedingt war, zu Hilfe. Vgl. übrigens S. 26.
    2) In einer Abschrift im Archiv Asurbanipals erhalten: K 2486 +
K 4364, s. Zimmern KAT³ 533.
    3) IV R 48, s. ATAO 5.

diese „Schreibtafel des Geheimnisses von Himmel und Erde" ist nichts anderes als das in die Sage übertragene Offenbarungsbuch des gestirnten Himmels. Am Himmel aber gilt insbesondere der Tierkreis[1], auf dem die Planeten wandeln, als das Buch[2]. Die Planeten sind die Dolmetscher des göttlichen Willens, der Nordhimmel und der Südhimmel bietet mit seinen Gestirnen den Kommentar. Alles Irdische ist Abbild himmlischer Vorbilder und Vorgänge; Künste und Fertigkeiten, bürgerliche und staatliche Einrichtungen beruhen auf Gesetzen und Ordnungen, die die himmlische Welt vorzeichnet[3]. Der Tafelschreiber des Priesterkönigs Gudea, dessen Inschriften zu den ältesten uns bekannten religiösen Dokumenten gehören, erzählt (um hier nur ein Beispiel anzuführen), daß Ningirsu, der als Bote die Befehle des Himmels von Anu, dem König der Götter, bringt, eine Traumvision hatte, in der er den Befehl erhielt, den Tempel E-ninnû zu bauen, und in der der Plan des Tempels, auf eine Tafel von Lasurstein gezeichnet, von einem göttlichen Boten ihm überbracht wurde[4].

---

1) Hebräisch raḳîaʿ, s. ATAO 78, wo die irrtümliche Schreibung raḳîʿa allenthalben zu korrigieren ist. Neue Belege fand ich inzwischen in der talmudischen Literatur. Berachot 32b: „Ich habe 12 Masaloth (d. s. die Tierkreisbilder) erschaffen an der raḳîaʿ." Chagiga 12b: „In die raḳîaʿ sind Sonne, Mond, Planeten und Tierkreisbilder eingesenkt."

2) S. Winckler, Forschungen III, 198.

3) Die weittragende Erkenntnis, daß das Weltenbild einem Himmelsbild entspricht, ist Ed. Stucken zu danken. Von H. Winckler wurde sie weiter ausgebaut. Urkundliche Belege und Beispiele finden sich ATAO 4 ff und im Kap. IV meines unter der Presse befindlichen Buches: Babylonisches im Neuen Testament. In der jüdischen außerbiblischen Weltauffassung (Spuren davon bereits in der Chokma-Literatur) erscheint übrigens diese vorgezeichnete himmlische Offenbarung als die personifizierte Weisheit. Im Midrasch Bereschit Rabba Par. I (vgl. Aug. Wünsche z. d. St.) ist die Weisheit die Beraterin Gottes bei der Weltschöpfung gewesen, und Gott hat sich ganz nach ihr gerichtet. Im Islam gilt der Koran als das himmlische Buch. Zur Zeit Harun al Raschids stritt man über seinen himmlischen oder irdischen Ursprung.

4) Cyl. A IV, 14 ff. vgl. X, 12, Thureau-Dangin ZA XVI, 344 ff.

Auch die Religion ist ein Teil dieses göttlichen Wissens, das sich in der gestirnten Welt offenbart. Man wird deshalb von vornherein annehmen müssen, daß die religiöse Auffassung der Kreise, die den Zusammenhang der Lehre kannten, eine höhere gewesen ist, als die Auffassung der „Nichtwissenden." Es muß schon in den ältesten uns bekannten Zeiten eine esoterische Religion gegeben haben, die in der „prästabilierten Harmonie" das Walten einer göttlichen Macht erkannte, deren Wille und Walten sich in den Konstellationen kund giebt[1]. In der Tat redet schon der oben erwähnte Enmeduranki-Text von „Wissenden" (mudû), die das Mysterium der großen Götter bewahrten. Enmeduranki, der Liebling der Götter, lehrte das Mysterium von Himmel und Erde, nachdem er die Tafel empfangen hatte, seinen Sohn. Dann heißt es insbesondere von der Vererbung der Wahrsagekunst: „Der Weise, der Wissende, der das Mysterium der großen Götter bewahrt, läßt seinen Sohn, den er liebt, auf die Tafel und den Tafelstift vor Šamaš und Adad schwören und läßt ihn (das priesterliche Ritual) ‚Wenn der Wahrsager' lernen." Auch die Tafelunterschriften der Bibliothek Asurbanipals kennen den Unterschied: „Der Wissende soll es dem Wissenden zeigen; der Nichtwissende soll es nicht sehen." Der Schluß des Epos Enuma eliš, das die Hegemonie Babylons zu verherrlichen und die gesamte Lehre auf Marduk einzurichten bestimmt war, nennt zuletzt die 50 Ehrennamen des Marduk, die ihn als Herrn des gesamten Jahres- und Weltlaufs dokumentieren, und sagt: „Die 50 Namen sollen bewahrt werden, und der ‚Erste' soll sie lehren, der Weise und Gelehrte sollen sie miteinander überdenken, es soll sie überliefern der Vater, sie seinem Sohne lehren."

Ein monumentales Zeugnis über babylonischen Mysterienkultus haben wir nicht, werden auch kaum Dokumente zu erwarten haben; denn es handelt sich hier um Dinge, „die Anderen mitzuteilen die Scheu vor der Gottheit verbietet." ' Aber wir können uns aus späteren Erscheinungen, die unter ähnlichen Voraussetzungen

---

1) S. Winckler, Die babylonische Kultur S. 18; A. Jeremias, Im Kampfe um Babel und Bibel[3] S. 19.

und deutlich unter „chaldäischem" Einfluß entstanden sind,
ein klares Bild machen. Aus einer kürzlich aufgefundenen
Liturgie des Mithras-Kultus[1] erfahren wir die Vorgänge
bei Einführung eines Mysten:

„Gnade sei mit mir von dir, Vorsehung und Schicksal,
wenn ich schreibe diese ersten überlieferten(!) Mysterien,
allein aber für mein Kind Unsterblichkeit, einen Mysten,
würdig dieser unserer Kunst, die der große Gott Helios
Mithras mir hat geben lassen von seinem Erzengel, auf daß
ich allein, ein Adler, den Himmel beschreite und erschaue
alles."

Es folgt ein Gebet und dann werden dem Mysten An-
weisungen gegeben[2]:

„Hole von den Strahlen Atem, dreimal einziehend, so
stark du kannst, und du wirst dich sehen aufgehoben und
hinüberschreitend zur Höhe, sodaß du glaubst mitten in der
Luftregion zu sein. Keines wirst du hören, weder Mensch
noch Tier, aber auch sehen wirst du nichts von den Sterb-
lichen auf Erden in jener Stunde, sondern lauter Unsterb-
liches wirst du schauen; denn du wirst schauen jenes Tages
und jener Stunde die göttliche Ordnung, die tagbeherr-
schenden Götter hinaufgehen zum Himmel und die
andern hinabgehen. Und der Weg der sichtbaren
Götter wird durch die Sonne erscheinen, den Gott,
meinen Vater[3] ...."

Das ist nichts anderes, als Einführung in das Wesen der
überlieferten altorientalischen astralen Lehre, wie sie schon die
altbabylonischen Urkunden voraussetzen. Wir dürfen uns die
Überlieferung dieser „chaldäischen Weisheit" lückenlos vorstellen

---

1) Dieterich, Eine Mithrasliturgie, Leipzig 1903.
2) Die Einführung geschah in der Höhle, wo die Leiter aus 7 Metallen
den Planetenhimmel darstellte, und war von allerlei symbolischen Handlungen, von Musik und spiritistischem Spuk begleitet.
3) D. h. obgleich es Tag ist, wird der Tierkreis (der Weg der sichtbaren Götter, d. s. die Planeten) sichtbar sein.

ohne wesentliche Änderung der Grundgedanken. „Die Zeit
Sardanapals beruft sich auf die Astrologie Sargons und Naramsins
(3. Jahrtausend), die römische Astrologie auf die alten Chaldäer
und selbst mittelalterliche Texte berufen sich noch auf das heidnische Babylonien"[1]. Bei Beginn unserer Zeitrechnung hat die
„chaldäische" Astrologie die gesamte Kulturwelt beherrscht. Auch
Clemens Alexandrinus redet von derselben kosmographischen
Geheimlehre, wenn er Stromata V, c. 11 sagt:

> Erst kommen die kleineren Mysterien, welche eine grund-
> legende Belehrung und eine einleitende Vorbereitung für
> das enthalten, was nachher folgen soll; dann die großen
> Mysterien, bei denen es nichts mehr über das Universum
> zu lernen gibt, sondern nur die Natur und die
> Dinge zu betrachten und zu verstehen[2]."

Aber das Geheimwissen bezog sich auch auf ein zweites
Gebiet. Wie in der astralen Religion unter bestimmten Verhältnissen die parallel laufenden tellurischen Erscheinungen
(Vegetation, Wechsel der Jahreszeiten) betont werden, so treten
auch in einigen Mysterienkulten die Erscheinungen der auf-
blühenden und sterbenden Vegetation an die Stelle der mit dem
Naturleben zusammenhängenden kosmischen Geheimnisse. Sind

---

1) v. Oefele in MVAG VI, 50.

2) Bekanntlich hat sich auf alexandrinischem Boden in nachapostolischer
Zeit die Neigung gezeigt, die christlichen Lehren mit den alten Mysterien
in Einklang zu bringen. Pantänus berichtet nach Clemens Alex. Stromata I,
c. 1, Paulus sei Myste der Urkirche gewesen. Dieser Pantänus hat Clemens
in die Mysterien eingeführt und Clemens rühmt von ihm, er habe die
segensreiche Lehre bewahrt, die direkt von den heiligen Aposteln stamme.
Wenn man nun bedenkt, daß nach altorientalischer Anschauung die Sterne
als Engel gedacht sind (vgl. Ri 5, 20: „Die Sterne stritten wider Sisera";
Berachoth 37b kennt 7 Klassen von Sternen als Engel), so wird man verstehen, warum Ignatius in den Mysterien das Verständnis himmlischer
Dinge so beschreibt: Die Ordnungen der Engel, die verschiedenen Arten
von Engeln, Engelheere, den Unterschied zwischen Gewalten und Herr-
schaften, die Macht der Äonen, der Cherubim und Seraphim lerne man
dort verstehen; dazu die Erhabenheit Gottes, das Reich des Herrn und
höher als alles die unvergleiche Majestät des allmächtigen Gottes.

doch sämtliche antike Unterweltsgötter zugleich chthonische
Götter. Schon der altbabylonische Mythus muß die chthonische
Ausprägung der Mysterien gekannt haben[1]. Das zeigt die Höllen-
fahrt der Istar, die das Aufhören aller Zeugung und Fruchtbar-
keit beim Hinabsinken der Muttergöttin schildert und am Schluß
Andeutungen über die kultische Feier des Trauer- und Auf-
erstehungsfestes gibt[2]. Das beweist jener Hymnus auf Tammuz,
den in die Unterwelt hinabgesunkenen Jahrgott: „Du Hirt und
Herr, Gemahl der Istar .... du bist eine Tamariske, die in der
Furche kein Wasser trank, deren Krone auf dem Felde keine
Zweige treibt, ein junges Bäumchen, das nicht an einem Be-
wässerungsgraben gepflanzt wurde, ein junges Bäumchen, dessen
Wurzel ausgerissen wurde, eine Pflanze, die in der Furche kein
Wasser trank." Auch die Isis-Mysterien betonen in ihren
„tragischen Leichenbegängnissen" (tragica funera) nach dem
Zeugnis des Julius Firmicus[3] die Trauer um die Vergänglichkeit
der Vegetation und feiern das Auferstehungsfest mit dem
Εὐρήκαμεν συγχαίρομεν „wir haben gefunden, wir freuen uns"!
Wie bei den kosmischen Mysterien der Sieg der Lichtgewalten,
so giebt hier das Wiederaufblühen des Saatkorns das Symbolum
ab für die Hoffnung „auf ein besseres Los nach dem Tode".

Auch die griechischen Mysterien finden hier ihre Erklärung.
Hieronymus sagt zu Ez. 8, 14: „Den wir Adonis nennen, der heißt in der
hebräischen und syrischen Sprache Tammuz." In den Adonisliedern der
orphischen Mysterien wird Adonis als Repräsentant der sterbenden

---

1) Im entsprechenden phönizischen Kult wurde das Hinwelken der
Natur durch die sog. Adonis-Gärtchen symbolisch dargestellt (κῆποι
Ἀδώνιδος). Es waren Blumentöpfe mit allerlei künstlich getriebenen oder
wurzellosen Blumen und Getreidepflanzen, die rasch verblühten.

2) IV R 31, Rev. 46 ff. Die ersten Zeilen beziehen sich vielleicht auf
die kultische Aufbahrung des Tammuz, dessen Auferstehung dann gefeiert
wird. Dann spielen die Klagemänner und Klageweiber mit (dem wieder-
erstandenen) Tammuz fröhlich auf Flöten, und unter Weihrauchopfer steigen
die Toten aus der Unterwelt empor.

3) De errore profanarum religionum S. 1 ff., ein Brief an die Söhne
des ersten christlichen Kaisers Konstantin.

und wiederauflebenden Vegetation genau so besungen, wie Tammuz in den babylonischen Hymnen: „Du Einsamkeitsfreund, der du nach des Jahres Horen verlöschst und leuchtest, du mit Tränen Gefeierter, Vielgeliebter, der du einige Zeit im dunklen Tartaros wohnst — komme bald zu den Geweihten und empfange von der Erde die Früchte". Die orphischen Mysterien, die in Stadt und Land im Gegensatz zum Staatsgottesdienst ausgeübt wurden, deren Götter als „fremde Götter" ($\vartheta \varepsilon o \grave{\iota} \ \xi \varepsilon \nu \iota \varkappa o \acute{\iota}$) empfunden werden, sind sicher orientalischen Ursprungs. Dionysos, der Herr des Lebens und Todes, ist der orientalische Jahrgott. Die Zerreißung des Gottes durch die Titanen[1], die den Mittelpunkt der Mysterien bildet, gehört zu dem orientalischen Mythus vom vernichteten und zu neuem Leben erwachenden Jahrgott[2].

Desgleichen wird das Rätsel der Mysterien von Eleusis hier seine Lösung finden. Es knüpft nach dem Zeugnis des homerischen Hymnus auf Demeter an das Emporsteigen von Kore-Persephone, der Tochter der Demeter, an, die von Aïdoneus in die Unterwelt entrückt worden war. Bevor sie zum Olymp erhoben wurde, stiftete Demeter „die Begehung des Kultus und gab die hehren Orgien an". Auch die späteren Ausgestaltungen des mystischen Dramas (besonders die Einführung des jugendlichen Jakchos, des Sohnes des Zeus Chthonios und der Persephone, dessen Bild von Athen nach Eleusis feierlich getragen wurde), werden nichts anderes als erweiterte Akte der Hadesbefreiung gewesen sein. In dieser Hadesbefreiung stellten die Mysterien, wie aus den vorhergehenden Ausführungen hervorgeht, das Schicksal des Menschen nach dem Tode dar. Und zwar auch hier in einer zweifachen Weise. Zunächst

---

1) Pausanias sagt 8, 37, 5: „Onomakritos ordnete dem Dionysos Orgien an und sagt, die Titanen hätten die Martern des Dionysos verbrochen." Die „Weihen" des Onomakritos gelten als Grundschrift der orphischen Sekte. Man beachte auch, daß der Thrakier Orpheus sich ausdrücklich auf eine Offenbarung des Apollo (Sonnengott!) beruft, s. Rhode, Psyche II, 113, Anm. 1.

2) Ausführliches darüber s. Babylonisches im Neuen Testament Kap. I. Die „rohen altthrakischen Opfergebräuche", von denen Rhode II, 8 ff.; 15, Anm. 1; 118, Anm. 2 die mythische Idee ableitet, beruhen auf demselben Mysterium. Die Bacchanten stürzen sich in ekstatischer Begeisterung auf den Opferstier, zerreißen ihn und verschlingen das „lebende" Fleisch. Dadurch erreichen sie den Gipfel des $\grave{\varepsilon} \nu \vartheta o \upsilon \sigma \iota \alpha \sigma \mu \acute{o} \varsigma$ des $\ \grave{\varepsilon} \nu \vartheta \varepsilon o \varsigma$ $\varepsilon \tilde{\iota} \nu \alpha \iota$. Der zerstückelte Stier ist der sterbende, von den Wintermächten (Titanen) zerrissene Jahrgott, der zu neuem Leben erwachen wird. Die Enthusiasten hoffen, an seinem Geschicke teil zu haben; sie wollen das Leben im Tode gewinnen.

bot die Hadeserlösung selbst die Parallele. Aber außerdem wird auch
hier mit der Hadesfahrt und Hadesbefreiung das Schicksal des Samen-
korns, das in die Erde sinkt und wieder aufkeimt, sowie das
Geschick der gesamten Vegetation, die jährlich vergeht und aufer-
steht, in Vergleich gestellt. Es ist erklärlich, daß man im Occident, wo
die Beobachtung der astralen Vorgänge ferner lag, bei den symbolischen
Handlungen der Mysterien diese tellurischen Erscheinungen den kosmologischen vorgezogen hat.

Rhode, Psyche S. 290 ff. bestreitet, daß Kore-Persephone das Saatkorn
personifizieren solle, und daß der Sinn der „natursymbolischen" Handlung
bei den Mysten die Einsicht habe fördern sollen, daß auch die Seele ver-
schwinde, um wieder aufzuleben[1]. Freilich liegt in der Deutung der Mytho-
logen und Religionsforscher, denen Rhode widerspricht, nur die halbe
Wahrheit, die andere, wichtigere Hälfte liegt in dem astralen Charakter
der Unterweltsgötter, wobei es sich nicht um ein Sichkreuzen von Ideen
(Rhode, S. 296), sondern um ein Parallellaufen handelt. Wenn Rhode fragt
(S. 296): „Was ist hieran noch griechisch?", so ist zu antworten: „Es
handelt sich im letzten Grunde nicht um griechische, sondern um orientalische Gedanken." Rhode, der geniale Interpret des hellenischen Kultus,
kennt gleich den Hellenen selbst die orientalische Urheimat der griechischen Kultsprache nicht. Allerdings ein Einwand, den Rhode erhebt,
bietet Schwierigkeit. Die feierliche Verheißung, die sich an die Teilnahme
knüpft, bezieht sich bereits in dem genannten homerischen Hymnus auf
ein bevorzugtes Geschick nicht nur nach dem Tode, sondern auch im
Diesseits. „Selig der Mensch, der diese heiligen Handlungen geschaut hat;
wer aber uneingeweiht ist und unteilhaftig der heiligen Begehungen, der
wird nicht gleiches Los haben nach dem Tode, im dumpfigen Dunkel
des Hades." „Und schon im Leben (heißt es weiter) ist hoch beglückt,
wen die beiden Göttinnen lieben; sie schicken ihm Plutos, den Reichtumsspender, ins Haus als lieben Hausgenossen. Dagegen, wer Kore, die
Herrin der Unterwelt, nicht ehrt durch Opfer und Gaben, der wird allezeit
Buße zu leisten haben." Pindar und Sophokles und zahlreiche andere
Zeugen verkünden, daß nur die, welche in die Geheimnisse eingeweiht
seien, frohe Hoffnungen für das Jenseits haben dürfen; nur ihnen sei ver-
liehen, im Hades wahrhaft zu leben; den anderen stehe dort nur Übel zu
erwarten (Rhode[3] II 281. 290). Darf daran erinnert werden, daß schon

---

1) Die Gründe für meine Abweichung von der jetzt herrschenden An-
sicht, wie sie vor allem das erschöpfende Werk von Anrich, Das antike Mysterien-
wesen, vertritt, ergeben sich aus meinem Buche: Babylonisches im Neuen Testament. Daß die Eleusinien im September gefeiert wurden, beweist nichts gegen
den doppelten Charakter der Festtatsache: Sterben und Wiederaufleben.

nach den ältesten orientalischen Zeugnissen mystische Ceremonien (z. B.
das Emporsteigen auf dem 7-stufigen, den Planetenhimmel darstellenden
Turm, s. S. 25, eine symbolische Handlung, die auch in den Mithras-Mysterien
wiederkehrt) als gottwohlgefällige Handlungen angesehen werden? Gilt die
Teilnahme an den Mysterien in solchem Sinne als opus operatum, das die
Götter belohnen? Die gleichzeitige Zusicherung einer Belohnung für das
Diesseits spricht dafür. Bei dem Einzug des Plutos als Reichtumsspender
in das Haus der Mysten ist übrigens der Zusammenhang zwischen Gold
und Hades zu beachten. Plutos ist Gott des Reichtums wie der Unterwelt. Wer den Tod überwindet, hat den Gott der Unterwelt besiegt;
das Gold des Hades steht ihm zu Diensten[1]. Aber es spielt doch bei der
Gewährung eines bevorzugten Geschickes im Jenseits noch ein anderes
Moment hinein. Die physikalischen Geheimnisse, in die der Myste eingeführt wird, werden mit ethischen Geheimnissen verknüpft. Die Himmels-
reise der Seele durch die 7 Planetensphären wird in den Mithras-Mysterien
zu einer Läuterung der Seele ausgestaltet. In den orphischen Mysterien
ist die Palingenesie, das „Rad der Geburten", die Seelenwanderung, die eine
große Rolle spielt, auf fremden, durch pythagoreische Lehren vermittelten
Einfluß zurückzuführen. Auch hier sind die physikalischen Mysterien auf
die Ethik übertragen. In den auf goldenen Täfelchen eingegrabenen
mystischen Urkunden, die in der Nähe von Sybaris gefunden wurden, und
die nach Dieterich, Nekyia 128 f. 135 f. einem Gedicht von der Hadesfahrt
des Orpheus entnommen sind (der Einwand Rhode II, 217 ist nicht stich-
haltig), kommt die Seele zur hehren Persephone, nachdem sie Buße ge-
zahlt hat für ungerechte Werke, und bittet, sie gnädig aufzunehmen in
die Wohnplätze der Reinen und Heiligen.

Aber nun die Hauptfrage: Darf man in diesen Mysterien von
monotheistischen Strömungen reden? Auch die Sprache der

---

1) Das ist ein durch die Mythologie der ganzen Welt wandernder
Gedanke. Jesus sagt Mt. 6, 24: „Ihr könnt nicht Gott dienen und Mamon",
Lc. 16, 9 redet vom Mamon der Ungerechtigkeit. Derselbe Gedanke findet
sich wiederholt in der rabbinischen Litteratur, z. B. Ketuboth 68a: „Er
verehrt Mamon (ממונא) mehr als Elohim"; vgl. Buxtorf, Lex. Talm. 217 f.
Mamon (Mammon) ist eine altorientalische Gottheit: ilu manma ist Nergal,
der Gott der Unterwelt (kakkab ilu manma ist der Saturn, Nergals Planet,
Mamîtu ist Nergals Weib). Der Gedanke, daß Gold der Dreck der Hölle
ist, spiegelt sich oft in den Märchen wieder. Das Rheingold gehört der
Unterwelt, drum zieht es die Besitzer (Siegfried, die Burgunden) ins Verderben. Auri sacra fames! Nachdem Jason das vom Drachen gehütete
goldene Vließ erbeutet hat, geht er zu Grunde.

Mysterien redet von Göttern. Das zeigt der babylonische Enme-duranki-Text ebenso wie die Mithras-Liturgie und die orphischen Gedichte. Aber die Götter sind hier dem Eingeweihten nur Offenbarung einer höchsten, göttlichen Gewalt. Das ist der Sinn der Mysterien. Der Myste wird in den Sinn der Geheimnisse des Weltlaufs eingeführt. Daraus ergibt sich dann ein doppeltes religiöses Erlebnis:

1. Der Myste erfährt, daß die göttlich verehrten Gestirne und Naturkräfte unter dem Walten einer einheitlichen göttlichen Macht stehen;

2. das Sterben und Wiederaufleben im kosmischen Kreislauf wird ihm zum Symbolum des Lebens, das aus dem Tode emporsteigt.

Für die Richtigkeit dieser Auffassung spricht m. E. der gesamte Zusammenhang der oben dargelegten Ideenwelt. Sie spiegelt sich übrigens auch wieder in der S. 12 Anm. 2 wiedergegebenen Auffassung der christlichen Mysterien, wenn Ignatius sagt, in den Mysterien werde die Erhabenheit Gottes, das Reich des Herrn und höher als alles die unvergleichliche Majestät des allmächtigen Gottes verehrt. Wie hier die erste religiöse Wahrheit der heidnischen Mysterien, die Einheit Gottes über der Vielheit der Naturerscheinungen, gewissermaßen ihre christliche Sanktionierung gefunden hat, so hat die zweite Wahrheit, das Symbolum vom neuen Leben nach dem Sterben der alten Kreatur, eine noch höhere Würdigung erfahren. Jesus hat Joh. 12, 24 auf die Gedanken der Mysterien vor den Ohren griechischer Männer Bezug genommen und ebenso Paulus 1. Kor. 15, 36 f. in der Bildersprache von der Auferstehung[1]. Und die Feier des Taufsakraments hat frühzeitig an die Mysterien angeknüpft. Was dort mystische Hoffnung ist, bietet das Mysterium der christlichen Taufe als Realität dar: neues Leben wird aus dem Tode geboren, vgl. Röm. 6, 3. Die nachapostolische Kirche hat deshalb ohne Bedenken die termini tech-

---

1) S. hierzu Näheres in meinem „Babylonisches im Neuen Testament".

nici der Mysterien für die Feier des Taufsakraments übernommen[1].

Es gilt in der Religionsgeschichte fast als Axiom, daß der
latente Monotheismus eine Erscheinung des philosophischen Zeitalters sei. Das ist nicht richtig. Die monotheistische Unterströmung ist vielmehr eine Konsequenz der philosophia orientalis.
Die philosophia occidentalis hat diesen latenten Monotheismus im
dualistischen und im pantheistischen Sinne getrübt. Es läßt sich
nachweisen, daß das orientalische kosmologische System den
Occident beeinflußt hat. So fragt Augustinus in der Civitas
Dei IV, 10 f., wie sich mit der Erkenntnis, daß alle Götter der
Eine Jupiter seien, und mit dem Satz: Jovis omnia plena, die
doppelgeschlechtige Trias vertrage:

Jupiter und Juno der obere und untere Teil der Luft,

Neptun und Salacia der obere und untere Teil des Wassers,

Pluto und Proserpina der obere und untere Teil der Erde.

Die Gegner antworteten nach Augustinus: „Es ist eitel Geschwätz
der Dichter." Die richtige Antwort ist die: Es ist der religiöse
Ausdruck für das altorientalische dreigeteilte Weltsystem. Wer
daran zweifelt, der achte darauf, daß Saturn, der Zeitgott, in
diesem römischen System als Vater Jupiters erscheint. Dieses
Göttersystem repräsentiert bei den Wissenden die Anschauung,
daß die Götter nur „verschiedene Benennungen jenes einzigen
Wesens sind, das alle Dinge in Ordnung hält" (Plutarch).

II. Die Verehrung des „höchsten Gottes" im Kosmos.

Wir sind davon ausgegangen, daß der Grundgedanke der
astralen Religion Babyloniens, der in der gestirnten Welt und im

---

1) Solche Herübernahme von Symbolen und Ausdrücken steht auf
gleicher Linie mit der Vorschrift des Papstes Gregor in seinem berühmten
Briefe an den Bischof Augustinus: Laßt alles Heidnische bestehen,
nur bringt es in christlichen Zusammenhang.

Zahlenverhältnis des Gestirnumlaufs die Offenbarung göttlichen
Willens sieht, notwendig zu einem esoterischen Wissen von der
Einheitlichkeit der göttlichen Kräfte führen mußte. Aber auch
das kosmogonische System selbst führte über den rohen Polytheismus hinaus. Das Weltbild mit seiner Dreiteilung führte
zur Verehrung einer obersten Göttertrias, die in den 3 Reichen
des himmlischen und irdischen Alls ihre besonderen Offenbarungs-
stätten hat: Anu, Bel, Ea. Aber auch diese kosmische Theologie drängte auf eine monarchische Spitze: Anu ist der summus deus im eigentlichen Sinne, er heißt schon bei Gudea der
König der Götter[1]. Er thront im höchsten Punkte, im Nordpol
des Weltalls. Durch die (3 bez. 7) Himmel steigt man zu ihm
empor[2].

Eine m. E. höchst beachtenswerte Vermutung H. Zimmerns, darf ich
hier mitteilen: das Ideogramm für Anu sowohl wie für ilu (allgemeiner
Name für Gott, auch wohl als Nomen proprium Ilu mit Anu wechselnd)
ist ✳. Das ist vielleicht ursprünglich ein Bild des Pols und der von ihm
ausgehenden 8 Himmelsrichtungen; eine Variante zu ✳ scheint ✳ mit
16 Richtungen zu sein[3]. Ilu und ebenso das entsprechende sumerische
an würde dann ganz konkret den Nordpol am Himmel als den Punkt,
in dem die verschiedenen Richtungen (d. h. die 8 bez. 16 Hauptmeridiane)
zusammenlaufen, bezeichnen. Weil dieser Nordpol des Himmels göttliche
Verehrung genoß und als Sitz des obersten Gottes betrachtet wurde, so
wurden Anu und ilu (bez. Ilu als nomen proprium) Gottesnamen, speziell
für den summus deus. Aus diesem Grunde hinge dann ilu vielleicht
doch mit אל (Präposition der Richtung) zusammen (im Sinne von Kibla,
Weltrichtung).

Außer Anu haben im babylonischen Weltbild unter bestimmten Verhältnissen Sin und Ninib Anrecht auf den göttlich
verehrten Nordpunkt[4]. Vielleicht hängt es damit zusammen, daß

---

1) Cylinder A Col. X, 12, s. oben S. 9.
2) S. ATAO 112.
3) Thureau-Dangin, Recherches, Suppl. Nr. 5bis, wo freilich nur
15 Richtungen (aus Versehen?) sich finden.
4) Die Gründe und Belege s. ATAO 15. 26f. 45.

jeder dieser beiden Götter mit Vorliebe als summus deus ver-
herrlicht wird[1].

In der Bibliothek Asurbanipals findet sich die Abschrift des
folgenden Hymnus auf **Sin**, den Mondgott[2]:

Herr, Herrscher unter den Göttern, der im Himmel und auf
    Erden allein groß ist,
Vater, Nannar, Herr Gott Anšar, Herrscher unter den Göttern,
Vater, Nannar, Herr, großer Gott Anu, Herrscher unter den
    Göttern,
Vater, Nannar, Herr, Gott Sin, Herrscher unter den Göttern,
Vater, Nannar, Herr von Ur, Herrscher unter den Göttern,
Vater, Nannar, Herr von Gišširgal, Herrscher unter den
    Göttern,
Vater, Nannar, Herr der Kopfbinde, Glänzender, Herrscher
    unter den Göttern,
Vater, Nannar, an Königsherrschaft sehr vollkommen, Herr-
    scher unter den Göttern,
Vater, Nannar, der in hehrem Gewande einherschreitet, Herr-
    scher unter den Göttern;
Kräftiger junger Stier mit starken Hörnern, vollkommenen
    Gliedmaßen, lasurfarbenem Bart voller Üppigkeit und
    Fülle,
Frucht, die von selbst erzeugt wird, von hohem Wuchs, herr-
    lich anzuschauen, an deren Fülle man sich nicht (ge-
    nug) sättigen kann,
Mutterleib, der alles gebiert, der bei den lebenden Wesen
    einen glänzenden Wohnsitz aufschlägt,
Barmherziger, gnädiger Vater, in dessen Hand das Leben des
    ganzen Landes gehalten wird.
O Herr, deine Gottheit ist wie der ferne Himmel, wie das
    weite Meer, voller Ehrfurcht.
Der erschaffen das Land, gegründet die Tempel, sie mit
    Namen benannt hat,

---

1) Es kann auch andere Gründe haben. Zu Sin s. unten S. 31 f.
2) IV R 9; übersetzt zuletzt von Zimmern KAT[3] 608 f.

Vater, Erzeuger der Götter und Menschen, der Wohnsitze
    aufschlagen ließ, Opfer einsetzte,
Der zum Königtum beruft, das Scepter verleiht, der das
    Schicksal auf ferne Tage hinaus bestimmt.
Gewaltiger Anführer, dessen tiefes Inneres kein Gott durch-
    schaut,
Hurtiger, dessen Kniee nicht ermatten, der eröffnet den Weg
    der Götter seiner Brüder,
Der vom Grund des Himmels bis zur Höhe des Himmels
    glänzend dahin wandelt, der da öffnet die Tür des
    Himmels, Licht schafft allen Menschen,
Vater, Erzeuger von allem, der auf die Lebewesen blickt . . .,
Herr, der die Entscheidung für Himmel und Erde fällt, dessen
    Befehl niemand abändert,
Der da hält Feuer und Wasser, der da leitet die Lebewesen,
    welcher Gott käme dir gleich?
Im Himmel, wer ist groß? Du allein bist groß!
Auf Erden, wer ist groß? Du allein bist groß!
Wenn dein Wort im Himmel erschallt, werfen die Igigi sich
    auf das Antlitz nieder,
Wenn dein Wort auf Erden erschallt, küssen die Anunnaki
    den Boden,
Wenn dein Wort droben wie der Sturmwind dahinfährt, so
    läßt es Speise und Trank gedeihen,
Wenn dein Wort auf die Erde sich niederläßt, so entsteht
    das Grün.
Dein Wort läßt Recht und Gerechtigkeit entstehen, so daß
    die Menschen Rechtes sprechen.
Dein Wort ist der ferne Himmel, die verborgene Unterwelt,
    die niemand durchschaut,
Dein Wort, wer verstände es, wer käme ihm gleich?
O Herr, im Himmel an Herrschertum, auf Erden an Herr-
    schaft hast du unter den Göttern, deinen Brüdern,
    keinen Rivalen.

Auch bei **Ninib** erklärt sich eine monarchische Stellung
unter den Göttern, die bis zur Einzigartigkeit gesteigert wird, aus
dem Weltbild. Ninib gehört der Nordpunkt der Ekliptik, der
höchste Punkt, den kein Planet überschreitet[1]. Die Annalen
Asurnaṣirpals sowie eine Inschrift Samsi-Adad IV. beginnen mit
Hymnen auf Ninib[2], die ihm Einzigartigkeit zuschreiben:

„Ninib, dem Starken, Allgewaltigen, Erhabenen, dem
höchsten der Götter, dem Streitbaren, Riesigen, dessen
Ansturm in der Schlacht ohnegleichen ist, dem ersten
Sohne, dem Zermalmer (?), dem Erstgeborenen Eas[3], dem
gewaltigen Kämpen der Igigi, dem Berater der Götter,
der die Riegel hält von Himmel und Erde, der die Quellen
öffnet, der auf die weite Erde tritt, dem Gotte, ohne
den Bestimmungen im Himmel und auf Erden nicht bestimmt werden, dem Großmächtigen (?), Starken, dessen Befehl nicht geändert wird, dem Fürsten der Weltteile, der den
Herrscherstab und Bestimmungen der Gesamtheit aller Städte
verleiht, dem Regenten, dem Ungestümen, dessen Lippenwort
unabänderlich ist, dem Gewaltigen, dem Umfassenden, dem
Entscheider unter den Göttern, dem Gepriesenen, dem Utgallu, dem Herrn der Herren, dessen Hand die Enden Himmels und der Erde anvertraut sind, dem Könige des Kampfes,
dem Mächtigen, der den Widerstand bezwingt, dem Sieghaften, Vollkommenen, dem Herrn der Quellen und der
Sterne, dem Starken, Schonungslosen, dessen Andrang Flut-
strom ist, der das Land der Feinde niederwirft, der die
Bösen (?) niederschlägt, dem erlauchten Gotte, dessen Rat-
schluß nicht verändert wird, dem Lichte Himmels und der
Erde, der das Innere des Weltmeeres erleuchtet, der die

---

1) Die urkundlichen Belege s. ATAO 15.
2) S. Jensen, Kosmologie 465 ff.; meinen Artikel Ninib in Roschers
Lexikon der Mythologie.
3) Nicht Bel. Sohn Eas widerspricht nicht der Einzigartigkeit. Ea
(Oannes) ist der Repräsentant der S. 8 gekennzeichneten Offenbarung, die
σοφία, die auch über dem summus deus steht.

Bösen vernichtet, der die Unbotmäßigen beugt, der die Feinde vernichtet, dessen Namen unter allen Göttern kein Gott ändert, der da Leben schenkt, dem barmherzigen Gotte, zu dem zu treten gut ist, der in Kelach wohnt, dem großen Herrn, meinem Herrn. —"

„Dem Ninib, dem starken Herrn, dem Machthaber, dem hehren und erhabenen Fürsten, dem Helden der Götter, der den Riegel Himmels und der Erden hält, der alles regiert, dem Gepriesenen (?) der Igigi, dem Starken, dem Übergegewaltigen, dessen Macht nicht übertroffen wird, dem Erstling der Anunnaki, dem Starken unter den Göttern, dem Herrlichen, der seinesgleichen nicht hat, dem Allgewaltigen, dem Utgallu, dem erhabenen Herrn, der auf dem Sturm einherfährt, der wie Samas, das göttliche Licht, die Weltteile übersieht, dem Starken unter den Göttern, der Glanz aussendet, mit Furchtbarkeit erfüllt ist, dem Vollkommenen an gewaltiger Kraft, dem Erstgeborenen Bels, dem Helfer der Götter, seiner Erzeuger, der Ausgeburt von Ešara, dem sieghaften Sohne, der am glänzenden Firmament gewaltig ist, dem Regenten, Sproß der Kutušar, der Herrin, ... des Anu und Dagan, dessen Wort nicht verändert wird, dem Großmächtigen, Erhabenen, Großen, der Kraft besitzt, dessen Glieder üppig entwickelt sind, der ein weites Herz, einen klugen Sinn hat, dem Starken unter den Göttern, dem Erhabenen, der da wohnt in Kalḫu, dem prächtigen Heiligtume, dem geräumigen Orte, der Wohnung des Utgallu —".

III. Der monarchische Polytheismus der Volksreligion.

Wie steht es nun aber mit dem „krassen Polytheismus" der Babylonier, der uns, wie allgemein anerkannt ist, in dem babylonisch-assyrischen Kultus entgegentritt? Dieser Kultus ist ein Produkt der Mythologie. Die Mythologie aber ist

die Popularisierung des kosmologischen Systems.
Darum trägt die Mythologie der gesamten antiken Welt im letzten
Grunde astralen Charakter, wobei wiederum zu bedenken ist,
daß die Erscheinungen des Naturlebens als Begleiterscheinungen
der kosmischen Erscheinungen anzusehen sind. Die Mythen der
Völker sind nur „Dialekte einer und derselben Sprache des
Geistes", nämlich der kosmologischen Weltauffassung. Die
Brennpunkte dieser mythologischen Popularisierung des Weltsystems sind die großen Feste, von denen im orientalischen Altertum zwei hervortreten: die Trauerfeier der sterbenden
Natur in der Sommersonnenwende (Tammuz-Fest bei den Babyloniern, Attis-Fest bei den Phrygiern, — sämtlich auf eine Quelle
zurückgehend) und das Freudenfest der wiedererwachen-
den Natur (Akitu-Fest der Babylonier, mit dem wohl das
Sakäenfest der Perser identisch sein wird).

Die Feste wurden dramatisch gefeiert. Eine dramatische
Feier des Tammuzfestes ist durch den Schluß der „Höllenfahrt
der Ištar" wenigstens indirekt bezeugt[1]. Spuren eines Festspieles,
das den Sieg über die winterlichen Gewalten, also die Festtatsache der Wintersonnenwende bez. auch der Frühlings-Tag- und
Nachtgleiche darstellt, sind neuerdings von H. Zimmern in einem
assyrischen Texte gefunden worden.

Über H. Zimmerns Mitteilung in der Sitzung der Leipziger Gruppe
der Vorderasiatischen Gesellschaft vom 1. Dez. 1903 sagt der Bericht in
den Geschäftl. Mittlg. der VAG. folgendes:
Der Text K 3476 (= Cun. Texts XV, 44 und 43), der in der Ver-
öffentlichung des Britischen Museums unter den „Legenden vom Gotte
Zû" figuriert, enthält vielmehr die Schilderungen eines Festspiels. Und
zwar werden hierbei, wie der Text durch seine wiederholten Gleichsetzungen
mit den Worten „Das ist" deutlich an die Hand gibt, aus dem Mythus
bekannte Vorgänge im Kultus nachgebildet, wobei der König und Priester
an die Stelle der Götter treten. Weiter aber legt der Inhalt des Stückes
es sehr nahe, daß es sich speziell um ein Neujahrsfestspiel und im Zusammenhang damit um eine mimische Darstellung des Weltschöpfungs-

---

1) S. oben S. 13.

mythus handelt. Allerdings liegt dabei wohl nicht die bekannte Rezension des babylonischen Weltschöpfungsmythus zugrunde, sondern eine Variante dazu. Denn z. B. von Tiâmat selbst ist, soweit der Text erhalten ist, überhaupt nicht die Rede, und von Kingu in anderer Weise, als in jenem Schöpfungsmythus, indem nämlich bei diesem Festspiel Kingu, durch ein Schaf repräsentiert, auf brennendem Kohlenbecken verbrannt wird. Dem Texte kommt insofern eine besondere Bedeutung zu, als es der erste urkundliche Beweis dafür ist, daß auch bei den Babyloniern, wie vielfach anderweits, so namentlich auch bei den Griechen, die alten Göttermythen im Kultus dramatisch aufgeführt worden sind. Allerdings handelt es sich in Babylonien dabei anscheinend nur um eine pantomimische Darstellung, ohne begleitende Rede der Darsteller. Doch wird ausdrücklich der „Sänger" erwähnt, der zwischen einzelnen Akten der Darstellung bestimmte Gesänge gesungen hat.

Aber auch der volkstümlichen polytheistischen Religion mit ihrem auf dem Mythus ruhenden Kultus fehlt es in Babylonien nicht an einer monotheistischen Unterströmung. Jeder Tempelbezirk spiegelte das gesamte astrale Göttersystem wider. Der Tempelturm stellt den siebenstufigen Planetenhimmel dar. Wer die Stufen hinaufsteigt, tut ein der Gottheit wohlgefälliges Werk und sichert sich ein gutes Geschick[1]. Der summus deus ist für den Bezirk der Stadtgott. Tritt an die Stelle des Stadtgebietes das Reich, so gilt der Stadtgott der Metropole als summus deus. Er ist gewissermaßen Priesterkönig unter den Göttern. Die anderen bilden seinen priesterlichen Hofstaat, sie verwalten gewissermaßen ein Bistum in partibus fidelium oder infidelium. Nun kommt fast in der gesamten uns bekannten Periode babylonischer Geschichte diese Würde des summus deus als Stadtgott der Metropole dem Gotte **Marduk** zu. Da ihm als Frühjahrsgott des Stierzeitalters auch im System die führende Rolle zukommt, so war es dem Priester von Babylon leicht gemacht, ihm Einzigartigkeit zuzuschreiben. So erklärt sich, daß Marduk in den Hymnen als „Gott des Weltalls", „König Himmels und der Erde" genannt wird. Das leuchtete dem Babylonier ein, auch wenn er ein „Nicht-

---

1) S. ATAO 12; vgl. oben S. 16.

Wissender" war. Die „Wissenden" aber, die in ihm die Personi-
fikation des gesamten Weltsystems sahen, faßten alle andern astralen
Göttererscheinungen als Erscheinungsformen Marduks auf. So erklärt sich der vielbesprochene Text, der uns aus neubabylonischer
Zeit überliefert ist[1]:

> Ninib Marduk der Kraft,
> Nergal: Marduk des Kampfes,
> Bel: Marduk der Herrschaft und Regierung;
> Nabu: Marduk des Geschäfts (?),
> Sin: Marduk Erleuchter der Nacht,
> Samas: Marduk des Rechts,
> Addu: Marduk des Regens.

So erklärt sich auch der astrologische Text IV R 54, Nr. 5:

> „Wenn der Stern des Marduk (der Planet Jupiter) im Auf-
> gehen ist, ist er Nebo; wenn er [1½?] Doppelstunden hoch
> steht, ist er Marduk; wenn er hoch steht, ist er der Nibiru
> (d. h. das alles beherrschende Gestirn des höchsten Punktes
> im Weltall)[2].

Daß diese monarchische Auszeichnung Marduk trifft, erklärt
sich also einesteils aus der Kalenderreligion (Stierzeitalter)[3], andrer-
seits aus der politischen Konstellation. Die Verherrlichung Marduks als summus deus war zugleich Verherrlichung Babylons
als Weltmetropole.

Aus den Hymnen auf Marduk wählen wir folgende Beispiele:

> „Ich bin gehorsam deinem Namen, Marduk, Mächtiger unter
> den Göttern, Fürst des Himmels und der Erde,
> Der herrlich geboren wurde, der allein erhaben ist.
> Ja, du trägst die Würde Anus, die Würde Bels, die Würde
> Eas, Herrschaft und Majestät . . . .
> Du befestigst alle Weisheit, Vollendeter an Kraft.
> Sorgsamer Berater, Herr, Erhabener, Allgewaltiger, Herrlicher!

---

1) 81-11-3,111, veröffentlicht von Pinches, Journal of the Victoria
Inst. 1896, 8 f., s. Delitzsch, Babel und Bibel I⁴, 80.
2) Vgl. ATAO 15.   3) Vgl. S. 8.

Es haben groß gemacht seine Herrschaft, es sannen auf Un-
gemach die Anunnaki . . . .
Im Himmel bist du erhaben, auf Erden erglänzest du, kunst-
voller, weiser Marduk!
Der fest gründet alle Wohnungen, der hält die Enden des
Sternenhimmels! . . . .
Gewaltig bist du unter den Göttern — schaffe Licht! glänzend
hat dich gemacht Ea . . . . .
Der die Geschicke der großen Götter in deine Hand gegeben
hat . . . ."[1]

„ . . . . Erhaben bist du im Himmel,
Alle Völker erschaust du,
Gewaltig bist du auf Erden,
Ihre Vorzeichen bestimmst du,
Wer Sünde getan hat, unversehrt erhältst du ihn!
Ich erfasse (weiß?) fürwahr, daß du barmherzig bist (?) gegen
dein Gebiet.
Wie ein Hündchen, o Marduk,
laufe ich hinter dir her.
Ich bringe das Opfer (Speiseopfer?) dar, gieße aus das Trank-
opfer.
Löse das Unheil, nimm an meine Bitte!
Dein guter Windhauch möge doch wehen!
Das Leben möge lang sein!
Ich will verkünden deine Größe den weiten Völkern!"[2]

„Großer König des Landes, Herr der Länder,
Erstgeborener Eas,
Der im Himmel und auf Erden übergewaltig ist!
Marduk, großer König des Landes, Herr der Länder,
Marduk, großer König des Landes, Gott der Götter!

---

1) Aus der Bibliothek Asurbanipals, s. Hehn, Sünde und Erlösung
nach bibl. und babylonischer Anschauung S. 32.
2) Hehn, l. c. 31 f.

Fürst des Himmels und der Erde, der seinesgleichen nicht hat,
Genosse (?) Anus und Bels!
Barmherziger unter den Göttern!
Barmherziger, der es liebt, Tote zu erwecken!
Marduk, König des Himmels und der Erde,
König von Babel, Herr von Esagila,
König von Ezida, Herr von Emachtila,
Himmel und Erde ist dein!
Der Ort des Himmels und der Erde ist dein!
Die Beschwörung des Lebens ist dein!
Der Speichel des Lebens ist dein!
Die reine Beschwörung, das Wort der (Meeres)tiefe ist dein!
Die Menschheit, die schwarzköpfigen Völker,
Die beseelten Kreaturen, so viele existieren, im Lande sind,
Die vier bestehenden Himmelsgegenden,
Die großen Götter der Gesamtheit des Himmels und der
Erde, soviel ihrer sind,
Fürwahr, auf dich ist ihr Sinn gerichtet!
Ja du bist ihr (?) šedu (Schutzgott),
Ja du bist ihr (?) lamassu,
Du bist es, der ihnen Leben verleiht,
Du bist es, der sie wiederherstellt,
Barmherziger unter den Göttern!
Barmherziger, der es liebt, Tote zu erwecken,
Marduk, König des Himmels und der Erde.
Deinen Namen will ich nennen, deine Größe verkünden,
Deinen Namen sollen die Götter preisen,
Dir will ich mich ergeben!"[1]

Charakteristisch für die Beurteilung dieses monarchischen
Polytheismus ist es, daß die Assyrer in solchen Zeiten, in welchen
sie den politischen Gegensatz zur Marduk-Hierarchie von Babylon
betonen wollen, Nebo an Stelle Marduks als „einzigen" Gott

---

1) IV R 29, 1; Hehn, Sünde und Erlösung S. 27 f. Jastrow, Religion
S. 501 f.

verherrlichen. In dieser politischen Absicht steht auf der sog. Nebo-Statue Adadniraris geschrieben: „Auf Nebo vertraue, auf einen andern Gott vertraue nicht."[1]

Der Text (K. 1285) enthält ein Gebetsgespräch[2] zwischen dem König Asurbanipal und dem Gotte Nebo unter Assistenz eines Priesters[3].

Asurbanipal.

„(Ich preise) deine Herrlichkeit, o Nebo, in der Versammlung
    der grossen Götter,
Auf daß meine Feinde mein Leben nicht in ihre Gewalt
    bekommen;
Im Tempel von Nineveh bete ich zu dir, o mächtiger
    unter den Göttern, seinen Brüdern:
[..... mich] Asurbanipal für alle Zukunft:
Ich werfe mich nieder zu Nebos Füßen:
[Verlaß mich nicht] o Nebo, in der Menge meiner Feinde."

Nebo.

„Ich bin mit dir, Asurbanipal, ich, der Gott Nebo, bis in
    alle Ewigkeit.

---

1) Es mag gelegentlich auch vorgekommen sein, daß die monarchische Hervorhebung einer Gottheit Modesache war. Auch ist es menschlich natürlich, daß man sich in der Anrufung einer einzelnen Gottheit starker Hyperbeln bediente. Wenn aber King, Babylonian Magic XXIII sagt: „Bei Anrufung einer Gottheit hielt man sich in seinen Äußerungen nicht an eine genaue Theologie; jede Gottheit, deren Hilfe man aufsuchte, auch eine unbedeutende, war in diesem Augenblick eine der größten. Zwar die größeren Götter wurden für ihre besonderen Künste und Eigenschaften gerühmt, aber die geringeren Gottheiten teilen mit ihnen die höchsttönenden Beziehungen — wohl eine Vorsicht, sich auf jeden Fall die Gunst der angerufenen Gottheit zu sichern —" so kann ich diesem Urteil in seiner Allgemeinheit nicht beistimmen.

2) Vgl. zur Form das Gespräch zwischen Jahve und dem Propheten Micha Kap. 6.

3) Übersetzung aus meinem Artikel Nebo in Roschers Lexikon der Mythologie; s. jetzt auch Jastrow, Religion Babyloniens I, 442 ff. Text bei Craig, Rel. Text I, S. 5 f. Die Überschriften sind von mir hinzugefügt.

Deine Füße erlahmen nicht, deine Hände ermatten nicht,
Die . . . . deiner Lippen erschlaffen nicht im Gebet vor mir;
Deine Zunge . . . . deiner Lippen.
Wenn ich freundliche Worte zu dir richte,
So will ich aufrichten dein Haupt, will deine Gestalt empor-
    richten im Tempel Bit-Bašmaš.“

Der Priester.

Nebo hat gesagt: „Dein Mund verkündet Gutes,
Wenn er anfleht die Göttin Urkitu —
Deine Gestalt, die ich geschaffen habe, flehte mich an um
    . . . . im Tempel Bit-Mašmaš,
Dein Geschick, das ich gemacht habe, flehte mich an also:
    daß ich dich zurückführen möge in den Tempel der
    Königin der Welt;
Deine Seele flehte mich an, also: ‚mache lang das Leben
    Asurbanipals‘.“

Niedergesunken auf seine Knie betete Asurbanipal zu Nebo
    seinem Herrn:
„Ich preise (?) dich, Nebo, verlasse mich nicht, mein Leben
    ist geschrieben vor dir, meine Seele vertraut sich
    dem Busen der Beltis.
Ich preise (?) dich, o Nebo, du Mächtiger, verlasse mich
    nicht inmitten meiner Feinde.“

Da antwortete ein zâkiku-Priester vom Angesicht des Nebo
    seines Herrn (und sprach):
„Fürchte dich nicht, Asurbanipal, langes Leben will ich dir geben,
Günstigen Hauch für dein Leben will ich dir versorgen,
Mein Mund spricht Gutes und wird dir gnädig sein in der
    Versammlung der großen Götter.“

Es öffnete seine Hände Asurbanipal und betete zu Nebo,
    seinem Herrn,
Der die Füße der göttlichen Königin von Nineveh erfaßt
    hat, möge nicht vernichtet werden in der Versammlung
    der großen Götter,

Der unter dem Schutze der Urkitu steht, möge nicht vernichtet werden in der Menge seiner Feinde:
„In der Menge meiner Feinde verlasse du mich nicht, o Nebo,
In der Menge meiner Gegner verlasse du meine Seele
nicht."

Nebo.

„Klein warst du, Asurbanipal, als ich dich überließ der gött-
lichen Königin von Nineveh,
Schwach warst du, Asurbanipal, als du saßest auf dem
Schoße der göttlichen Königin von Nineveh,
Du hast von den vier Brüsten, welche dir in den Mund
gesteckt waren, aus zweien gesogen und in die zwei
anderen vergraben dein Gesicht —
Deine Feinde, Asurbanipal, werden wie Salz vor dem Wasser
vergehen,
wie . . . . . im Jahresanfang (?) . . . . . zu deinen Füßen,
(Weil) du Asurbanipal, stehst vor den großen Göttern, zu preisen
Gott Nebo."

Aus der ersten und letzten Zeile geht hervor, wie man sich
die hyperbolische Verehrung bez. Monolatrie einzelner Gottheiten
dachte: der Betende steht wie ein Rhapsode unter den
olympischen Göttern und preist seinen Schutzgott.

Mit demselben Recht, mit welchem im Stierzeitalter Marduk
die Rolle eines summus deus zukam, wurden im Zwillingszeit-
alter **Mondgott** und **Sonnengott** zu „höchsten Göttern" erhoben.
Mond und Sonne sind die Zwillinge[1]. Aus den Kultstätten des
Sonnengottes (Sippar, Larsa) ist uns bis jetzt verhältnismäßig
wenig bekannt[2]. Etwas mehr wissen wir von dem Kultus des
Sin, der im südbabylonischen Ur und im mesopotamischen Harran
seine Hauptkultorte hatte. Ein Hymnus auf Sin von Ur (S. 20 f.)

---

1) ATAO 20.
2) Nur die Funde einer kleineren Ausgrabung in Sippar liegen vor.

zeigt, daß in Ur mit dem Kult des Mondgottes besonders tief-
sinnige religiöse Gedanken verbunden waren[1].

Einen hohen religiösen Gedankenflug zeigen auch Hymnen
auf **Ištar**, die Himmelskönigin und Muttergöttin[2].

Der Priester.

Licht des Himmels, das wie Feuer auf Erden entflammt,
     bist du,
Ištar, wenn du auf Erden auftrittst (d. h. erscheinst),
Die du gleich der Erde prächtig bist,
Dann grüßen dich segnend die Pfade der Gerechtigkeit[3].
Wenn du eintrittst in das Haus der Menschen,
gleichst du dem Tiger, der zum Raube eines Zickleins
     bereit steht,
dem Löwen, der auf den Gefilden einherschreitet;
Sturm-Jungfrau ist Ištar, Zierde des Himmels,
Mit dem Glanze eines funkelnden Edelsteins ausgestattet bist
     du, Zierde des Himmels,
Schwester des Sonnengottes, Zierde des Himmels.

Ištar.

Um Vorzeichen in Fülle zu geben, trete ich auf, kraftvoll
     trete ich auf,
Mit meinem Vater Nannar (Sin), um Vorzeichen in Fülle
     zu geben, trete ich auf, kraftvoll trete ich auf,
Mit meinem Bruder Šamaš, um Vorzeichen in Fülle zu
     geben, trete ich auf, kraftvoll trete ich auf,

---

1) Hommels Schlußfolgerungen, die in dem Mondkult ein Zeugnis für
babylonischen Monotheismus und eine Vorstufe des israelitischen Monotheismus erkennen wollen, vermag ich mich nicht anzuschließen, s. bereits
oben S. 5 und vgl. ATAO 21, Anm. 2; 33, Anm. 6.

2) Vgl. mein Izdubar Nimrod (Leipzig, B. G. Teubner 1891) 61 ff.,
Jastrow, Religion S. 530.

3) D. h. die auf rechten Pfaden einhergehen, vgl. dieselbe Wendung
im Sonnenhymnus IV R 17, 14a. Man wird unwillkürlich an die 1. Sure
des Koran erinnert. Vgl. auch Ps 1.

mein Vater Sin hat mich eingesetzt, um Vorzeichen in Fülle
zu geben, trete ich auf,
am glänzenden Himmel, um Vorzeichen in Fülle zu geben,
trete ich auf, kraftvoll trete ich auf,

Unter Jauchzen ob meiner Glorie, unter Jauchzen ob meiner
Glorie,
unter Jauchzen gehe ich, Ištar, erhobenen Hauptes einher.
Ištar, die Göttin des Abends bin ich,
Ištar, die Göttin des Morgens bin ich —
Ištar, welche öffnet das Schloß des glänzenden Himmels,
(das ist) meine Glorie!
die den Himmel niedertritt und die Erde erschüttert —
(das ist) meine Glorie! —
den Himmel niedertretend, die Erde erschütternd — (das
ist) meine Glorie!

Der Priester.

Wenn sie am Damm des Himmels aufleuchtet, wird ihr Name
gepriesen unter den Leuten — (das ist) „meine Glorie!"
Als Königin des Himmels oben und unten soll sie ver-
kündigen: — „meine Glorie".

Ištar.

Die Berge einzig überwältige ich — „(das ist) meine Glorie!"
ich bin der Berge gewaltige Burg, ich bin ihr gewaltiger
Verschluß: „(das ist) meine Glorie!"

In einem andern Hymnus an Ištar [1] heißt es:

Ich flehe zu dir, Herrin der Herrinnen,	Göttin der Göttinnen,
Ištar, Königin aller Wohn-stätten,	Leiterin der Menschen! ....
o Herrin, herrlich ist deine Größe,	über alle Götter erhaben.

---

1) Übersetzungen des ganzen Hymnus King, The Seven Tablets of
Creation 1902, II, 75 ff.; Zimmern, Keilinschriften und Bibel S. 35 ff.

Wo (gilt) nicht dein Name,   wo nicht dein Gebot?
wo sind deine Bilder nicht   wo deine Tempel nicht ge-
   gebildet,   gründet?
wo bist du nicht groß,   wo du nicht erhaben?
Anu, Bel und Ea haben dich   unter den Göttern deine Herr-
   erhoben,   schaft groß gemacht;
haben dich erhöht, in der   der Igigi deine Stelle hervor-
   Gesamtheit   ragend.
Beim Gedanken an deinen
   Namen   zittern Himmel und Erde,
die Götter zittern,   es beben die Anunnaki,
auf deinen furchtbaren Namen   haben acht die Menschen.
Du bist groß   und bist erhaben;
die Gesamtheit der Schwarz-   das Gewimmel der Menschen
   köpfigen,   huldigt deiner Macht.....
Wo du hinschaust, wird der
   Tote lebendig,   steht der Kranke auf,
kommt der Verwirrte zurecht,   da er auf dein Antlitz schaut.
Ich, ich schreie zu dir, hin-
   fällig, seufzend,   dein schmerzerfüllter Knecht.
Schau auf mich, meine Herrin,   nimm an mein Seufzen!
Treulich blick auf mich,   höre auf mein Flehen! ....

IV. Die Theologie der sog. babylonischen Bußpsalmen.

Eine besondere Gattung der religiösen Literatur der Babylonier bilden eine Anzahl poetischer Gebete, in denen leidende
Menschen vor dem Angesichte der Gottheit ihre Sünden bekennen
und um Rettung aus dem Verderben bitten[1]. Sie stammen wohl

---

1) Die erste kritische Bearbeitung der wichtigen Texte gab H.
Zimmern im 6. Bande der Assyriologischen Bibliothek. Zum Folgenden
vergleiche die wertvolle Monographie von W. Caspari (Stadtvikar in Augs-
burg), Die Religion der assyrisch-babylonischen Bußpsalmen, Gütersloh,
Bertelsmann 1903.

sämtlich aus sehr alter Zeit. Bei einigen ist die Herkunft aus den ältesten uns bekannten Epochen nachweisbar. Aber auch diejenigen unter ihnen, welche assyrischen Königen in den Mund gelegt wurden, stammen gewiß von alten Vorlagen. Sie wurden aufgefrischt, wie bei uns Gebete aus alter Zeit. Jedenfalls gehörten sie ihrem Ursprunge nach sämtlich in einen gemeinsamen Strom religiösen Lebens, von dem sie eben nur als geringe Spuren übriggeblieben sind[1]. Man nannte diese Dichtungen nach biblischer Analogie Bußpsalmen. Die Benennung Bußpsalmen ist nur statthaft, wenn man unter Buße die Auferlegung einer Sühne versteht[2]. Sie klagen über Folgen der Sünde und bitten um Fortschaffung der Folgen. Buße im Sinne von Sündenerkenntnis, Reue, Gelübde der Besserung kennen sie nicht.

> „Ich dein Knecht, seufzend rufe ich dich;
> wer Sünde hat, du nimmst an sein inbrünstig Flehen,
> wenn du einen Menschen anblickst, so lebt selbiger Mensch,
> Allmächtige Herrin der Menschheit,
> Barmherzige, der sich zuwenden gut ist, die annimmt das
>   Gebet!
> Sein Gott und seine Göttin zürnen ihm, dich ruft er an;
> deinen Nacken wende zu, ergreife seine Hand!
> Außer dir gibt es ja keine rechtleitende Gottheit!"[3]

Ein an Marduk gerichtetes Bußgebet[4] lautet:
> „Gewaltiger Marduk, dessen Zürnen Sturmflut,
> dessen Erbarmen mir ein barmherziger Vater ist;
> Rufen und nicht Erhören hat mich niedergeschmettert,

---

1) Sie heißen babylonisch takkaltu, „düsterer Gesang", oder šigu, Klagelied (von שאג heulen), oder a-ši-ša-ku-ga, „Klagelied zur Herzensberuhigung".

2) Hierauf hat zuerst Fritz Jeremias in Chantepie de la Saussaye, Religionsgeschichte[2] I, 198 ff. hingewiesen.

3) IV R 29; Zimmern, babylonische Bußpsalmen Nr. 1; Hehn, Sünde und Erlösung S. 12.

4) King, Babylonian Magic Nr. 11; Hehn, Sünde und Erlösung S. 29 f.

Schreien und Nichtantworten hat mich niedergedrückt.
Meine Kraft hat er aus meinem Innern ausgehen lassen,
wie einen Greis hat er mich niedergebeugt.
Großer Herr Marduk, barmherziger Gott,
die Menschheit, soweit sie existiert,
wer handelt nicht trügerisch, wer schmäht nicht?
Den Weg Gottes, wer kennt ihn?
Ja, ich will ihn preisen, Frevel (?) begehe ich nicht,
auf die Heiligtümer des Lebens will ich bedacht sein;
die Bedrängnisse (?) zu überwinden (?) befiehlst du unter
     den Göttern
...... Gott zum Menschen zu bringen.
Vor dir (?) habe ich Frevel begangen,
den Weg Gottes will ich wandeln!
...... gebührend bekannt, nicht bekannt, vergiß!
Deine .... möge nicht .... die Sünde löse, das Vergehen
     vergib!
Meine Verwirrungen mache klar!
Von meiner Unruhe läutere mich!
Die Sünde meines Vaters, des Vaters meines Vaters, meiner
     Mutter, der Mutter meiner Mutter,
meiner Familie, meines Geschlechtes, meiner Verwandschaft
möge sich mir nicht nahen und das böse Geschick möge
     weichen!
Es spricht zu mir der Gott, und wie eine KAN-KAL-Pflanze
     reinigt er mich.
In die reinen Hände des Gottes des Heils befiehl mich!
Mit Huldigung, Gebet und Inbrunst möge ich immerdar bei
     dir stehen!
Das zahlreiche Volk des Landes, das im Heiligtum wohnt,
möge dich preisen! Die Sünde löse, die Sünde vergib,
Starker Marduk, die Sünde löse, die Sünde vergib!"

Auf der Rückseite der Tafel werden auch andere Götter
angerufen:

„Große Herrin Erûa, die Sünde löse!
Guter Name Nabû, die Sünde löse!
Große Herrin Tašmêt, die Sünde löse!
Starker Nergal, die Sünde löse!
Ihr Götter, die ihr im Himmel wohnt, die Sünde löset!
Die große Sünde, die ich seit meiner Jugend begangen,
    vernichte, siebenmal löse!
Dein Herz, wie das des Vaters, meines Erzeugers,
Und wie der Mutter, meiner Gebärerin, an seinen Ort kehre
    es zurück!
Starker Marduk, dir will ich gehorsam dienen!"

Der schönste der babylonischen Bußpsalmen ist wohl der
folgende:
„O Herr, meiner Sünden sind viel, groß sind meine Vergehen.
Mein Gott, meiner Sünden sind viel, groß sind meine Vergehen;
meine Göttin, meiner Sünden sind viel, groß sind meine
    Vergehen.
Gott, den ich kenne, nicht kenne, meiner Sünden sind viel,
    groß sind meine Vergehen.
Göttin, die ich kenne, nicht kenne, meiner Sünden sind viel,
    groß sind meine Vergehen.
Die Sünde, die ich begangen, kenne ich nicht;
das Vergehen, das ich verübt, kenne ich nicht.
Das Tabu, von dem ich gegessen, kenne ich nicht;
Das Unflätige, auf das ich getreten, kenne ich nicht.

Der Herr hat im Zorn seines Herzens mich angeblickt.
Der Gott hat im Grimm seines Herzens mich feindlich ge-
    troffen;
    die Göttin hat wider mich gezürnt, mich einem Kranken
    gleich gemacht.

Der Gott, den ich kenne, nicht kenne, hat mich bedrängt;
    die Göttin, die ich kenne, nicht kenne, hat mir Schmerz
    angetan.

Ich suchte nach Hilfe, aber niemand faßte mich bei der Hand
ich weinte, aber niemand kam an meine Seite.
Ich stoße Schreie aus, aber niemand hört auf mich;
ich bin voll Schmerz, überwältigt, blicke nicht auf.

Zu meinem barmherzigen Gotte wende ich mich, flehe ich
     laut;
die Füsse meiner Göttin küsse ich, rühre sie an.
Zu dem Gott, den ich kenne, nicht kenne, flehe ich laut;
zu der Göttin, die ich kenne, nicht kenne, flehe ich laut.

O Herr, deinen Knecht, stürze ihn nicht;
in die Wasser des Schlammes geworfen, fasse ihn bei der
     Hand!
Die Sünde, die ich begangen, wandle in Gutes;
die Frevel, die ich verübt, führe der Wind fort!
meine vielen Schlechtigkeiten zerreiße wie ein Kleid!

Mein Gott, sind meiner Sünden auch sieben mal sieben, so
     löse meine Sünden;
meine Göttin, sind meiner Sünden auch sieben mal sieben,
     so löse meine Sünden!
Gott, den ich kenne, nicht kenne, sind meiner Sünden auch
     sieben mal sieben, so löse meine Sünden;
Göttin, dich ich kenne, nicht kenne, sind meiner Sünden
     auch sieben mal sieben, so löse meine Sünden!" [1]

Man hat in diesen Psalmen, besonders in dem zuletzt wiedergegebenen, „Monotheismus" finden wollen. Aber schon die Unterschrift für diesen Psalm: „Klagelied für jedweden Gott", zeigt,
daß das ein Irrtum ist. Der Sänger des Liedes ist erfüllt von
Dämonenfurcht. Er preist die Gottheit, weil er meint, sie müsse
Gewalt über die Dämonen haben. Aber dabei redet er als Poly-
theist. Er wägt ab, welche Gottheit die stärkste ist, und spielt

---

1) IV R 10. Übersetzung Zimmerns in KAT³ 611 f.

die Götter gelegentlich gegeneinander aus[1]. Man hat gefragt, was unter dem „unbekannten Gott", der „unbekannten Göttin" zu verstehen ist[2]. Etwa der unbekannte Gott im Sinne von Act. 17, 23? Es kann doch wohl nur so gemeint sein, daß der Klagende unsicher ist, von welcher Gottheit ihm sein Unglück auferlegt ist, welche Gottheit er durch seine Sünde verletzt hat. Und was bedeutet die Anrufung: „Mein Gott, meine Göttin", ohne daß ein Name hinzugesetzt ist? Daß auch hier eine Gottheit aus dem Bereich der vielen Götter gemeint ist, dafür spricht nicht nur die erwähnte Unterschrift: „Klagelied für jedweden Gott", sondern auch der Umstand, daß gelegentlich dieser namenlose Gott (bez. Göttin) in Gegensatz gebracht wird zu der bestimmten namhaft gemachten Gottheit, die um Hilfe angerufen wird. Oft wird das „mein Gott", „meine Göttin" im Sinne von Schutzgottheit gemeint sein, deren Namen der Benützer des Gebetes im stillen einsetzte. Und selbst wenn solche Anrufung für den „Wissenden" den Sinn einer höheren Gottesauffassung gehabt hätte, so würde doch die weibliche Hälfte die Annahme einer monotheistischen Gottesverehrung zum mindesten einschränken. Auch der relativ höchste heidnische Gottesbegriff kommt nicht über die Zweigeschlechtigkeit hinaus. Der heidnische Gottesbegriff projiziert Menschengedanken hinaus in das Weltall. Als das Höchste erscheint dem Menschen das Geheimnis des Lebens. Darum kann er auch die Gottheit nicht ohne das Geheimnis der propagatio denken.

Andererseits ist die Skepsis zu weit getrieben, wenn man mit M. Jastrow urteilt: „Nicht der geringste Zug einer An-näherung zu wirklichem Monotheismus ist in Babel vorhanden, noch kann man sagen, daß die Bußpsalmen zu solcher Annäherung die Brücke schlagen." Die Brücke zum Monotheismus im Sinne einer Einheitlichkeit der göttlichen Macht fanden wir auf andern Gebieten. Aber Züge einer Annäherung finden wir auch in den

---

1) „Sein Gott und seine Göttin zürnen — dich ruft er an," s. S. 35.

2) Die Formel „den Gott, den ich kenne, den ich nicht kenne," zeigt, daß es sich um Gebetsformulare handelt (F. Jeremias).

Bußpsalmen. Es ist die Neigung vorhanden, das Geschick des Menschen, „das Kind seines Gottes", unter der Leitung einer höheren Hand zu denken. Und der Beter nähert sich der Gottheit, er darf sich ihr selbst nähern, vielleicht sogar ohne Vermittelung des Priesters. Wenn Delitzsch, Babel und Bibel I, 47 sagt: „Die Götter der Babylonier sind lebendige, allwissende und allgegenwärtige Wesen, die die Gebete des Menschen erhören und, wenn sie gleich zürnen über die Sünden, sich doch immer wieder zur Versöhnung und zum Erbarmen bereit finden lassen", so haben sich in dies Urteil zwar unbewußt christliche Gedanken eingeschlichen, aber es kann sich doch mit einigem Recht auf die „Bußpsalmen" berufen. Sie sind Zeugnisse einer religiösen Strömung in Babylonien, deren Ursprung und Verlauf wir geschichtlich nicht feststellen können, die sich aber hoch über krassen Polytheismus, wie ihn Jesaias und Echeziel verspotten, erhebt[1].

Wohl der wichtigste Text für unsere Kenntnis der durch die „Bußpsalmen" gekennzeichneten Strömung innerhalb der babylonischen Religion ist der von H. Zimmern KAT³ 385 ff. zum ersten Male vollständig übersetzte Text IV R 60*, der einem leidenden König in den Mund gelegt ist[2].

| „Ich gelangte ins Leben, | in der Lebenszeit rückte ich vor, |
| wo ich mich auch hinwandte, | da stand es schlimm, schlimm — |

---

1) Über das Sündenbewußtsein in den babylonischen Bußpsalmen, s. ATAO 109 ff. und Caspari l. c., der aber S. 27 „Die Sünde, die ich begangen, kenne ich nicht" unrichtig auffaßt. Nicht darum handelt es sich, daß dem Sünder das Bewußtsein entschwunden ist, oder daß er nichts mehr von ihr wissen will, sondern es ist die Falle, in die der Laie gestürzt ist. Der Priester allein kennt die kultischen Finessen, an denen sich der geplagte Mensch versündigt hat.

2) Auch hier handelt es sich sicherlich um Verwertung eines alten Textes, wenn der Psalm auch vielleicht einem bestimmten assyrischen König in den Mund gelegt ist. Wenn die Gedanken dieses Psalms der assyrischen Staatsreligion entsprochen hätten, dann wären die Flachheiten eines offiziellen Religionsbuches, wie sie z. B. in den Anfragen Asarhaddons an den Sonnengott vorliegen, nicht denkbar.

Drangsal nahm überhand,
Rief ich zu meinem Gott,

flehte ich zu meiner Göttin,
Der Wahrsager deutete nicht
durch eine Spende stellte der
  Seher
Ging ich den Totenbeschwörer an,
der Beschwörer löste nicht

Wie (erscheinen) doch die Taten
Blickte ich hinter mich,
Als ob ich eine Spende

und bei der Mahlzeit

mein Antlitz nicht niederge-
  schlagen,
(wie einer) in dessen Munde
  stockten
(bei dem) der Tag Gottes auf-
  hörte,
der sich auf die Seite legte,
(Gottes) Furcht und Verehrung
der seinen Gott nicht rief,
seine Göttin verließ,
der den, der geehrt war,
den gewichtigen Namen seines
  Gottes
Ich selbst aber dachte nur
Gebet war meine Regel,
der Tag der Verehrung Gottes
der Tag der Nachfolge der Göttin

und Gesang eines solchen,

Wohlergehen erblickte ich nicht,
so gewährte er mir nicht sein
  Antlitz,
so erhob sich ihr Haupt nicht.
durch Wahrsagung die Zukunft,

mein Recht. nicht her.
so ließ er mich nicht vernehmen,
durch ein Zaubermittel meinen
  Bann.
anders in der Welt!
so verfolgte mich Mühsal.
meinem Gott nicht dargebracht
  hätte
meine Göttin nicht angerufen
  worden wäre,

keinen Fußfall gezeigt hätte,

Gebet und Flehen;

die Neumondsfeier ausfiel,
ihren Ausspruch verachtete,
sein Volk nicht lehrte;
von dessen Speise aß,
Getränk ihr nicht brachte;
seinen Herrn, vergaß,
leichtsinnig aussprach — so er-
  schien ich.
an Gebet und Flehen,
Opfer meine Ordnung,
war meine Herzenslust,
war (mir) Gewinn und Reich-
  tum;
das war mir genehm.

Ich lehrte mein Land
den Namen der Göttin verherr-
    lichen,
die Furcht vor dem Könige
auch in der Ehrfurcht vor dem
    Palaste
Wüßte ich doch, daß vor Gott
Was aber an sich selbst gut er-
    scheint,
und was in sich verächtlich ist,
Wer verstände den Rat der Götter
den Plan Gottes, voll von Dun-
    kelheit,
Wie verständen den Weg Gottes
Der am Abend noch lebt,
plötzlich wird er betrübt,
im Augenblick
im Nu
Wie Tag und Nacht
Bald hungern sie
bald sind sie satt

Geht's ihnen gut,
sind sie in Kummer,

den Namen Gottes bewahren,

unterwies ich mein Volk.
machte ich riesen(?)gleich,

unterwies ich das Volk.
solches wohlgefällig ist!

das ist bei Gott schlecht,
das ist bei Gott gut.
im Himmel,

wer ergründete ihn!
die blöden Menschen!
der ist am Morgen tot,
eilends wird er zerschlagen;
singt und spielt er noch.
heult er wie ein Klagemann.
ändert sich ihr Sinn.
und gleichen einer Leiche,
und wollen ihrem Gotte gleich-
        kommen.   [Himmel,
so reden sie vom Aufsteigen zum
so sprechen sie vom Hinabfahren
    zur Hölle."

(fehlt ein größeres Stück).

Nun schildert der König sein Leiden, das ihm den Palast
zum Gefängnis gemacht hat. Niemand half ihm, kein Beschwörer,
kein Gott, keine Göttin. Schon öffnete sich ihm das Grab mit
seinen Schrecken. Das ganze Land rief: „Wie ist er übel zu-
gerichtet." Seines Feindes Angesicht leuchtete vor Schadenfreude.
Der Text schließt mit der Aussicht auf Errettung.

In den Strom religiösen Lebens, den diese „Bußpsalmen"
andeuten, werden auch die mit ilu zusammengesetzten Namen

gehören, von denen S. 1, Anm. 1 die Rede war. Sie gehören der Hammurabi-Epoche an. Vielleicht ist das ein Anhaltepunkt für die Bestimmung des Alters der „Bußpsalmen". Die Hammurabi-Dynastie ist, wie Hommel nachgewiesen hat, arabischen Ursprungs. Auch in südarabischen Inschriften finden sich Eigennamen, die von verhältnismäßig hoher religiöser Einsicht Zeugnis ablegen[1]: waddada-ilu, „es liebt Gott", ṣadak-ilu, „gerecht ist Gott", kariba-ilu, „es segnet Gott"; il-amara, „Gott hat geboten", il-amina, „Gott ist treu"; abî-jadhua, „mein Vater[2] hat geholfen", ʿammî-saduḳa, „mein Oheim ist gerecht", dâdî-kariba, „mein Oheim hat gesegnet", aḫî-kariba, „mein Bruder hat gesegnet".

V. Die monotheistische Strömung im 6. vorchristlichen Jahrhundert.

Die Weltgeschichte geht in Wellenbewegungen vorwärts. Das gilt auch von der Religionsgeschichte, die im Christentum ihr Ziel gefunden hat. Wenn die Geschichte der altorientalischen Welt klar vor uns läge, so würden wir sehen, daß der alte Orient mehr als einmal religiöse Erhebungen im Sinne einer monotheistischen Reform gesehen hat. In den Bußpsalmen finden wir Spuren einer über den Polytheismus sich erhebenden religiösen Strömung. Die monotheistische Reform Amenophis IV. scheint nur die ägyptische Welle einer großen über den vorderen Orient gehenden Bewegung gewesen zu sein. Vor allem aber zeigt die Geschichte des 6. Jahrhunderts vor unsrer Zeitrechnung eine merkwürdige Neigung zum Monotheismus. Wir finden die Spuren im Orient wie im Occident, ja in Indien und im fernsten Asien.

Der Prophet Jesaias begrüßt Cyrus als den Gottgesandten, „den Jahve bei der rechten Hand ergreift", und von dem er sagt:

---

1) Vgl. Hommel, Die altisraelit. Überlieferung S. 78 ff.; Detlef Nielsen, Die altarabische Mondreligion, S. 8 ff.

2) Gemeint ist der Mondgott, der als „Vater" (vgl. S. 20), „Oheim" oder als „Freund" bezeichnet wird.

„Der ist mein Hirte und soll all meinen Willen vollenden." Es
scheint, als ob die jüdischen Priester in Babylon mit der Priester-
schaft Marduks Hand in Hand gegangen seien. Beide
Parteien begrüßten Cyrus als Befreier. Der babylonische Tafelschreiber begrüßt Cyrus mit fast denselben Worten wie Jesaias:
„Marduk sah sich um in allen Ländern und suchte ihn zu fassen
bei der Hand, einen gerechten König nach seinem Herzen, und
er nahm den Mann nach seinem Herzen und berief Kuraš zum
Königtum über die ganze Welt." Der Talmud bezeugt in einer
wohl bisher unbeachtet gebliebenen Stelle, daß sich gerade damals
die Judäer auf ihre Verwandtschaft mit den Babyloniern be-
sonnen haben. Pesachim 87ᵇ wird die Frage erörtert, warum
Gott die Juden nach Babylon verpflanzt habe. Einer sagt: „Weil
ihre Sprache der Sprache der Thora verwandt ist." Ein anderer:
„Weil er sie in ihr Mutterland schicken wollte." Wenn
aber jüdische Männer mit babylonischen Priestern paktiert haben,
so müssen sie sich auch in der religiösen Frage verständigt haben.
Marduk und Jahve erscheinen in den beiden genannten Urkunden
geradezu identisch. Die beinahe monotheistische Verehrung Marduks in Babylon und sein Charakter als Erlösergott könnte die
Babylonier für das Ideal der Jahve-Religion zugänglich gemacht
haben. Jedenfalls haben beide Parteien Cyrus für ihre Sache
gewonnen. Bei der Einnahme Babylons wurde der Tempel Mar-,
duks sorgfältig geschützt und sein Kult begünstigt. „Den Herrn
der in seiner Kraft die Toten erweckt, segneten sie freudig, seinen
Namen bewahrend." Der Tafelschreiber läßt Cyrus sagen: „Ob
meines Wirkens freute sich Marduk, der große Herr, und segnete
mich, den König, und Kambuzi'a, meinen leiblichen Sohn, sowie
mein ganzes Heer in Gnaden, während wir in Aufrichtigkeit vor
ihm freudig preisen seine Gottheit." Auch andere Kulte stellt
Cyrus wieder her. Aber die Götter erscheinen ihm nur als
priesterliche Diener Marduks. Er hofft, sie werden bei Marduk,
dem König aller Götter, zum Danke dafür Fürbitte einlegen.
Man wird sich dem Eindruck nicht entziehen können, daß Cyrus
die Juden unter demselben Gesichtspunkt heimziehen ließ, damit

sie den Tempel Jahves in Jerusalem bauen und seinen Kultus
wiederherstellen sollten. Nach der Überlieferung gab er den
Juden reiche Geschenke mit. Offenbar war in seinen Augen
Jahve und Marduk eins. In diesem Sinne kann man wohl geneigt
sein[1], die Worte, die ihm Esra 1, 2 und 2 Chr. 36, 23 in den
Mund gelegt werden: „Alle Königreiche auf Erden hat mir Jahve,
der Gott des Himmels, übergeben, und er hat mir befohlen, ihm
zu Jerusalem in Juda einen Tempel zu bauen", wenigstens dem
Gedanken nach für authentisch zu halten.

Cyrus kam von Persien. Die Familie der Achämeniden, der
er angehörte, herrschte seit längerer Zeit in der medischen
Provinz Persien. Die Religion seiner Heimat war der Kult des
Ahuramazda, die Religion des Zarathustra. Cyrus hat gewiß
diesem Kultus nicht gleichgültig gegenübergestanden. Wir dürfen
auch nicht annehmen, daß die religiöse Toleranz des Cyrus ledig-
lich auf religiöser Indifferenz und politischer Klugheit beruht
habe. Darius, der den Kult des Ahuramazda mit großem Eifer
betrieb, zeigte die gleiche Toleranz gegenüber den ägyptischen
Kulten. Vielmehr dürfte die Ursache der Toleranz in dem Wesen
der Religion Zarathustras begründet sein. Sie trägt in ihren
Ursprüngen stark monotheistischen Charakter. Zum Dualismus,
der Ahriman zum Gegengott im Reiche der Finsternis macht,
ist sie erst in der Volksreligion geworden. Ebenso hat die kultische Hervorhebung des Feuers erst allmählich zur Feueran-
betung geführt. Wir dürfen deshalb annehmen, daß die monotheistische Strömung, die Cyrus in Babylonien vorfand, der esoterischen Religion seiner Heimat entsprach. Die Überlieferung
der Parsen sagt, daß ihr Prophet im Jahre 559 als Vierzig-
jähriger sein Lehramt angetreten habe. Im Jahre 522 soll er
gestorben sein. Man hat früher der Überlieferung historischen
Wert abgesprochen. Jetzt sprechen gewichtige Gründe dafür,
daß die „Religion der Reinheit", die Ära Zarathustras, wirklich
in das Zeitalter des Cyrus fällt.

---

1) Mit Lindner RPrTh² Art. Cyrus.

Zur selben Zeit, in der Cyrus die Juden nach Judäa zurück-
schickte, und in der in Babylonien der Kultus des Marduk unter
persischem Schutz neu aufblühte, während in Persien die Priester
Zarathustras ihre edlen Lehren verbreiteten, wanderte in Indien
Siddharta Sakyamuni („der Weise aus dem Sakyageschlecht," der
der Buddha wurde), umgeben von eifrigen Jüngern, durch das
Gangesland, und predigte die stolze Botschaft von der Selbst-
erlösung der Menschen: „Tut eure Ohren auf, die Erlösung vom
Tode ist gefunden." Die Edlen unter den brahmanischen Priestern
und Mönchen hatten längst das eigentliche Heidentum verlassen.
Wenn deshalb auch die Lehre Buddhas nicht eigentlich Religion
ist, sondern eine auf Philosophie ruhende Sittenlehre, so gab er
doch die Stillung religiöser Bedürfnisse frei. Und wie später
der Buddhismus, dessen Toleranz aufnahmefähig für jede Religion
ist, dem rohen Heidentum verfiel, so wird er in den ersten
Zeiten seiner Reinheit bei erleuchteten Geistern sich mit den
ernsten religiösen Bestrebungen brahmanischer Priester verbunden
haben, die „schlechtes Land in gutes verwandelten", d. h., in unsere
Denkweise übertragen, die Irrtum durch Erkenntnis zu vertreiben
suchten. Jedenfalls war die Zeit Buddhas, das ausgehende
6. Jahrhundert, auch in Indien eine Epoche religiöser Vertiefung.

Wir gehen noch weiter gen Osten. Wiederum zur gleichen
Zeit, im Zeitalter des Cyrus und Buddha, lehrte im fernsten
Osten der große Chinese Khung-tse (Konfucius). Seine Absicht
war, durch Wiederbelebung der Satzungen des Altertums die
Gegenwart dem Verfall zu entreißen. Er war kein Religions-
stifter. „Ich bin ein Überlieferer und kein Schöpfer, ich glaube
an die Alten und liebe sie!" Er setzt die altchinesische Religion
voraus. Aber diese alte Religion, in der Schang-ti (eig. „der
obere Kaiser") als die Gottheit verehrt wird, die das Geschick
der Menschen leitet, hat einen monotheistischen Zug. Wenn
deshalb auch Khung-tse persönlich abergläubisch war und durch
seine Geistersucht neuen abergläubischen Bräuchen Tür und Tor
geöffnet hat, so sind doch gewiß edlen Geistern jener Zeit die

geläuterten Sittenlehren des Konfucius der Anstoß zu religiöser Vertiefung gewesen im Sinne jener alten Religion.

Und wie stand es während dieser Zeit im Abendlande? Es war das goldene Zeitalter der griechischen Kultur und zugleich das Jahrhundert der wichtigsten kultischen Institutionen. Der Zusammenhang der Lehre des Pythagoras mit dem Orient ist bekannt. Auch das Aufkommen der orphischen Sekte brachte neuen Zustrom religiöser Ideen aus dem Orient. Dazu kam die Neubelebung der Eleusinien mit ihrer vom Orient kommenden Erlöserhoffnung (s. S. 13 ff.). Und wenige Dezennien später als Buddha und Konfucius verbreitete Sokrates seine erhabenen Lehren unter den Hellenen. Die christlichen Apologeten zitieren oft Sokrates, der das Volk zur Kenntnis „des unbekannten Gottes" habe führen wollen. Und Justin führt auf ihn das viel zitierte Wort Platos zurück von dem „schwer zu findenden Vater des Alls".

Ist es zufällig, daß die gesamte alte Welt zu gleicher Zeit die Religion zum Gegenstand des Nachdenkens und des Geheimwissens macht? Überallhin ausgestreut ist der Same der göttlichen Offenbarung ($\lambda\acute{o}\gamma o\varsigma$ $\sigma\pi\varepsilon\varrho\mu\alpha\tau\iota\varkappa\acute{o}\varsigma$), sagt Clemens Alexandrinus. Wir sehen in der durch die ganze Welt gehenden religiösen Bewegung den Ansatz zu einem religiösen Universalismus, der in der Weltreligion des Christentums seine wirkliche Erfüllung gefunden hat.

Schlußwort.

Wir kehren noch einmal nach Babylonien zurück. Im Geheimwissen der Priester, in der Religion der Bußpsalmen, im Kult des summus deus, insbesondere in der Verehrung des Marduk, des „barmherzigen unter den Göttern", fanden wir monotheistische Strömungen. Davon kann keine Rede sein, daß man in Babylon „das gefunden hat, was die weltgeschichtliche Bedeutung der Bibel macht, den Monotheismus", aber auch davon nicht, daß durch die Entdeckung eines latenten Monotheismus in Babylonien „Israel der größten Ruhmestat beraubt würde, in deren Glanz es bisher geleuchtet hat, daß es sich allein von allen Völkern zum reinen Monotheismus hindurchgerungen hat." Der Monotheismus, der in der Verehrung und Anerkennung Eines Gottes im Gegensatz zu einer Vielheit von Göttern beruht, ist in jedem Falle religiös wenig wertvoll, solange er nur auf einer Anschauung von der Quantität Gottes ohne Erfahrung von der Qualität Gottes beruht. Die Erkenntnis der Qualität Gottes, der Blick in das Herz der Gottheit, beruht auf der „heilsgeschichtlichen" Erfahrung, die sich innerhalb Israels anbahnte, und die im Christentum zur Vollendung gekommen ist.

INHALTSVERZEICHNIS

Erklärung der Abkürzungen.

ATAO: A. Jeremias, Das Alte Testament im Lichte des alten Orients Leipzig, J. C. Hinrichs 1904.

KAT³: Eberhard Schrader, Keilinschriften und Altes Testament, 3. Aufl., bearbeitet von Zimmern und Winckler, Berlin, Reuther und Reichard 1903.

RPrTh³: Realencyklopädie f. Prot. Theologie, 3. Aufl., herausgegeben von Hauck.

ZA: Zeitschrift für Assyriologie, herausgegeben von C. Bezold.

CPSIA information can be obtained at www.ICGtesting.com
Printed in the USA
BVOW05*2003130515

400127BV00011BA/131/P